抓住"关键少数"
深化全面从严治党

本书编写组 ◎ 编

新华出版社

图书在版编目（CIP）数据

抓住"关键少数" 深化全面从严治党 《抓住"关键少数" 深化全面从严治党》编写组编. ——北京：新华出版社, 2017.3（2025.3重印）
ISBN 978-7-5166-3133-1

Ⅰ.①抓… Ⅱ.①抓… Ⅲ.①中国共产党—党的建设—研究 Ⅳ.①D26

中国版本图书馆CIP数据核字(2017)第047968号

抓住"关键少数" 深化全面从严治党

编　者：《抓住"关键少数" 深化全面从严治党》编写组

责任编辑：王　婷　刘　飞	责任印制：廖成华
封面设计：李尘工作室	

出版发行：新华出版社
地　　址：北京石景山区京原路8号　　邮　编：100040
网　　址：http://www.xinhuapub.com
经　　销：新华书店
购书热线：010—63077122　　中国新闻书店购书热线：010—63072012
照　　排：臻美书装
印　　刷：大厂回族自治县众邦印务有限公司
成品尺寸：170mm×240mm
印　　张：14.25　　字　数：120千字
版　　次：2017年5月第一版　　印　次：2025年3月第二次印刷
书　　号：ISBN 978-7-5166-3133-1
定　　价：36.00元

版权专有，侵权必究。如有质量问题，请与出版社联系调换：010-63077101

目 录 | CONTENTS

中办发文推进"两学一做"常态化 …………………… 1
习近平管党治党思想：全面从严治党层层推进 ………… 13

第一篇　党的建设已进入全面从严治党新阶段 ……… 27

全面从严治党的新阶段已经到来 ………………………… 29
全面从严治党的伟大使命 ………………………………… 41
稳步推进全面从严治党 …………………………………… 48
全面从严治党再添"利器" ……………………………… 56
坚持全面从严治党依规治党 ……………………………… 63

第二篇　"关键少数"的重要作用 …………………… 73

习近平眼中的"关键少数"有什么特殊含义 …………… 75
要突出领导干部这个关键 ………………………………… 82
关键在于抓住"关键少数" ……………………………… 89
发挥"关键少数"的"关键作用" ……………………… 92

第三篇　抓好"关键少数"发挥引领作用……………… 95
　　党的十八大以来，习近平这样抓"关键少数"………… 97
　　习近平开年首次"党课"：
　　　　抓住"关键少数"深化全面从严治党 ………… 106
　　抓住领导干部这个"关键少数" ………………………… 113
　　抓住"关键少数"推进全面从严治党 ………………… 116
　　领导干部要注重提高政治能力 ………………………… 125
　　领导干部要把好用权"方向盘"　系好廉洁"安全带"… 131
　　党政主要负责同志必须撸起袖子抓改革
　　　　扑下身子抓落实 ………………………………… 139
　　领导干部要做到"五个正确对待" …………………… 146
　　高级干部要在遵守和执行党内政治生活准则上做表率 … 151
　　做一名有觉悟的领导干部 ……………………………… 162

附　录……………………………………………………………… 165
　　中国共产党廉洁自律准则 ……………………………… 167
　　中国共产党纪律处分条例 ……………………………… 169
　　中国共产党问责条例 …………………………………… 207
　　关于新形势下党内政治生活的若干准则 …………… 212
　　中国共产党党内监督条例 ……………………………… 218

后　记……………………………………………………………… 223

中办发文推进"两学一做"常态化

近日,中共中央办公厅印发了《关于推进"两学一做"学习教育常态化制度化的意见》,并发出通知,要求各地区各部门认真贯彻落实。

通知指出,推进"两学一做"学习教育常态化制度化,是坚持思想建党、组织建党、制度治党紧密结合的有力抓手,是不断加强党的思想政治建设的有效途径,是全面从严治党的战略性、基础性工程。推进"两学一做"学习教育常态化制度化,对于进一步用习近平总书记系列重要讲话精神武装全党,确保全党更加紧密地团结在以习近平同志为核心的党中央周围,不断开创中国特色社会主义事业新局面,具有重大而深远的意义。各级党组织要从讲政治的高度,充分认识推进"两学一做"学习教育常态化制度化的重大意义，始终把思想教育作为第一位的任务，坚持用党章党规规范党组织和党员行为，用习近平总书记系列重要讲话精神武装头脑、指导实践、推动工作，教育引导广大党员学思践悟、知行合一，不断增强政治意识、大局意识、核心意识、看齐意识，做到政治合格、执行纪律合格、品德合格、发挥作用合格，确保党的组织充分履行职能、发挥核心作用，确保党员领导干部忠诚干净担当、发挥表率作用，确保广大党员党性坚强、发挥先锋模范作用。

通知强调，推进"两学一做"学习教育常态化制度化，要坚持全覆盖、常态化、重创新、求实效，坚持学做结合，依托党委（党组）理论学习中心组学习、党支部"三会一课"等基本制度，融入日常、抓在经常，防止形式主义，防止"两张皮"。要紧密联系本地区本部门本单位实际，联系党员思想工作实际，突出分类指导，组织党员、干部经常自省修身、打扫思想灰尘，有什么问题解决什么问题，什么问题突出重点解决什么问题。领导机关要带头学、带头做，党委（党组）理论学习中心组学习要把学党章党规、学系列讲话作为主要内容，党员领导干部要把自己摆进去，不断改造自己，提高思想政治觉悟。要把党支部建设作为最重要的基本建设，充分发挥党支部教育管理党员的主体作用，树立党的一切工作到支部的鲜明导向。各级党委（党组）要认真履行主体责任，每年要对开展"两学一做"学习教育情况进行评估总结，一级抓一级，层层抓落实，带动基层党组织和广大党员奋发有为、敢于担当、建功立业，更加紧密地团结在以习近平同志为核心的党中央周围，为统筹推进"五位一体"总体布局和协调推进"四个全面"战略布局提供坚强组织保证。

通知要求，各地区各部门各单位党委（党组）要根据意见要求，结合实际制定具体实施方案，认真抓好落实，重要情况和意见建议及时报告党中央。

《关于推进"两学一做"学习教育常态化制度化的意见》全文如下。

2016年在全体党员中开展的"学党章党规、学系列讲话，做合格党员"学习教育，以尊崇党章、遵守党规为基本要求，以用习近平总书记系列重要讲话精神武装全党为根本任务，坚持基础在学、关键在做，着力解决突出问题，推动党内教育从"关键少数"向广大党员拓展、从集中性教育向经常性教育延伸，取得显著成效，受到各级党组织和广大党员欢迎。为贯彻落实党的十八届六中全会精神，持续推动全面从严治党突出"关键少数"并向基层延伸，现就推进"两学一做"学习教育常态化制度化提出如下意见。

一、从讲政治的高度充分认识推进"两学一做"学习教育常态化制度化的重大意义

党章是管党治党的总章程，党规是党员思想和行为的

具体遵循。习近平总书记系列重要讲话是中国特色社会主义理论体系最新成果，是当代中国马克思主义最新发展，是我们党推进具有许多新的历史特点的伟大斗争、党的建设新的伟大工程、中国特色社会主义伟大事业的强大思想武器，是各级党组织和全体党员必须始终坚持的行动指南。做合格党员是对每名党员的基本要求。实践证明，开展"两学一做"学习教育，是坚持思想建党、组织建党、制度治党紧密结合的有力抓手，是不断加强党的思想政治建设的有效途径，为新形势下落实全面从严治党要求积累了成功经验。推进"两学一做"学习教育常态化制度化，对于进一步用习近平总书记系列重要讲话精神武装全党，加强和规范党内政治生活，保持党的先进性和纯洁性，增强党的生机活力，确保全党更加紧密地团结在以习近平同志为核心的党中央周围，激励全党为实现崇高理想和宏伟目标而不懈奋斗，不断开创中国特色社会主义事业新局面，具有重大而深远的意义。

二、明确基本目标要求

推进"两学一做"学习教育常态化制度化，必须紧密联系本地区本部门本单位实际，把思想教育作为首要任务，坚持用党章党规规范党组织和党员行为，用习近平总书记系列重要讲话精神武装头脑、指导实践、推动工作，坚持学思践悟、知行合一，坚持全覆盖、常态化、重创新、求实效，不断增强党组织和党员政治意识、大局意识、核心意识、看齐意识，不断增强党内政治生活的政治性、时代性、原则性、战斗性，不断增强党自我净化、自我完善、自我革新、自我提高能力，确保党的组织充分履行职能、发挥核心作用，确保党员领导干部忠诚干净担当、发挥表率作用，确保广大党员党性坚强、发挥先锋模范作用，为统筹推进"五位一体"总体布局和协调推进"四个全面"战略布局提供坚强组织保证。

　　坚持融入日常、抓在经常。各级党委（党组）要以理论学习中心组学习、民主生活会等制度为主要抓手，组织党员领导干部定期开展集体学习；基层党组织要以"三会一课"为基本制度，以党支部为基本单位，把"两学一做"作为党员教育的基本内容，长期坚持、形成常态。突出问题导向，建立完善及时发现和解决问题的有效机制，推动各级党组织和党员依靠自身力量修正错误、改进提高；注重以上率下，严格和规范双重组织生活制度，充分发挥领导机关、领导干部带头示范作用，防止"灯下黑"；强化分类指导，针对不同层级不同领域不同行业明确工作要求，体现具体化、精准化、差异化；激发基层活力，充分调动党支部积极性主动性创造性，探索创新党内教育和组织生活的有效方法；选树先进典型，宣传践行"两学一做"优秀党员先进事迹，树立时代楷模，引导党员、干部见贤思齐；

坚持常抓不懈，防止和克服紧一阵松一阵、表面化形式化、学习教育与思想工作实际"两张皮"等不良倾向。

三、精心安排学习内容

各级党组织要切实执行《关于在全体党员中开展"学党章党规、学系列讲话，做合格党员"学习教育方案》等规定要求。各级党委（党组）和基层党组织要按年度作出学习安排，党员领导干部要根据自身实际制定个人自学计划，每年完成规定的学习任务。

坚持读原著、学原文、悟原理，联系实际学、带着问题学、不断跟进学，领会掌握基本精神、基本内容、基本要求，做到学而信、学而思、学而行。学习党章党规，要深刻认识党章是管党治党的总规矩总遵循，践行党内政治生活准则、党内监督条例和廉洁自律准则等党内法规要求。学习习近平总书记系列重要讲话，要深刻认识讲话的重大理论意义和实践意义，深刻理解讲话的时代背景、鲜明主题、科学体系，准确把握蕴含其中的治国理政新理念新思想新战略，领会掌握贯穿其中的马克思主义立场观点方法。要把学习习近平总书记系列重要讲话同学习马克思列宁主义、毛泽东思想、邓小平理论、"三个代表"重要思想、科学发展观紧密结合起来。党员领导干部在学习上要有更高标准、更高要求。

四、引导党员做到"四个合格"

各级党组织要教育引导广大党员按照"四讲四有"标准,做到政治合格、执行纪律合格、品德合格、发挥作用合格。在政治合格方面,重点是坚定理想信念,正确把握政治方向,坚定站稳政治立场,坚决维护以习近平同志为核心的党中央权威,不断增强中国特色社会主义道路自信、理论自信、制度自信、文化自信。在执行纪律合格方面,重点是增强组织纪律性,执行党的决定,服从组织分配,严守党的纪律特别是政治纪律和政治规矩。在品德合格方面,重点是继承发扬党的优良传统和作风,大力弘扬忠诚老实、光明坦荡、公道正派、实事求是、艰苦奋斗、清正廉洁等共产党人价值观,带头践行社会主义核心价值观。在发挥作用合格方面,重点是牢记党的根本宗旨,爱岗敬业、履职尽责,服务群众、奉献社会,敢担当、敢负责、敢作为,在促进改革发展稳定中作表率、当先锋。

五、联系思想工作实际经常查找解决问题

各级党组织和广大党员要坚持学做结合,突出针对性,敢于直面问题,勇于自我革命,把查找解决问题作为"两学一做"学习教育的规定要求。党员要对照党章党规,对照系列讲话,对照先进典型,把自己摆进去,经常自省修身,

打扫思想灰尘、进行"党性体检",有什么问题解决什么问题,什么问题突出重点解决什么问题;要查找分析理想信念是否坚定、对党是否忠诚老实、大是大非面前是否旗帜鲜明、是否做到在思想上政治上行动上同以习近平同志为核心的党中央保持高度一致,着力解决党的意识不强、组织观念不强、发挥作用不够等问题。各级党委(党组)要查找分析是否落实全面从严治党主体责任,是否坚决执行党的理论和路线方针政策,是否认真坚持民主集中制,着力解决党的领导弱化、党的建设缺失、管党治党宽松软等问题。党支部要查找分析组织生活是否经常、认真、严肃,党员教育管理监督是否严格、规范,团结教育服务群众是否有力、到位,着力解决政治功能不强、组织软弱涣散、从严治党缺位等问题。

要把党的组织生活作为查找和解决问题的重要途径,注意听取群众的意见和反映,抓早抓小、防微杜渐。民主生活会和组织生活会要严肃认真开展批评和自我批评,坚持"团结—批评—团结",严于自我解剖,热忱帮助同志。谈心谈话要经常,坦诚相见、交流思想,发现问题及时提醒。各级党委(党组)要把本地区本部门本单位严重违纪违法干部忏悔录作为反面教材,认真开展警示教育。主要负责同志要在民主生活会上通报班子成员受到谈话函询情况;被谈话函询的党员领导干部,存在错误的应当作出深刻检查,受到提醒的应当作出整改表态,没有问题的说明谈话函询情况即可。民主评议党员要客观公正评价党员表现，帮助引导党员自觉认识问题、自我改进提高，严格稳慎处置不合格党员。

六、坚持领导机关、领导干部率先垂范

各级党委（党组）要把学党章党规、学系列讲话作为理论学习中心组学习的主要内容，确定主题，加强研讨式、互动式、调研式学习，发挥引领示范作用。党员领导干部特别是省部级领导干部要把"两学一做"作为锤炼党性的基本功、必修课，加强政治能力训练，加强政治历练，自觉把讲政治贯穿于日常工作生活全过程、贯穿于党性锻炼全过程，时刻牢记自己第一身份是党员，无论职务高低，都要以普通党员身份参加党的组织生活。要带头学习，认真学习党章党规，知敬畏、存戒惧、守底线；学深悟透习近平总书记系列重要讲话精神，不断增强"四个意识"，始终坚定理想信念、坚定"四个自信"，真正做到思想认同、政治看齐、行动紧跟。要带头做合格党员、合格领导干部，时刻检视存在的差距和不足，自觉同特权思想和特权现象作斗争，不断改造自己，提高思想政治觉悟。要践行"三严三实"要求，履职尽责、奋发有为，敢于担当、建功立业，重实干、务实功、办实事、求实效，努力创造经得起实践、人民、历史检验的实绩。要严格执行中央八项规定精神，

密切联系群众，切实改进作风，严格要求自己和身边工作人员，注重家庭、家教、家风，保持清正廉洁的政治本色。

七、把"两学一做"学习教育纳入党支部"三会一课"等基本制度

　　党支部是党最基本的组织，是党全部工作和战斗力的基础。要树立党的一切工作到支部的鲜明导向，注重把思想政治工作落到支部，把从严教育管理党员落到支部，把群众工作落到支部。各领域各行业党支部要充分发挥教育管理党员的主体作用，运用"三会一课"等制度抓好"两学一做"学习教育，真正成为教育党员的学校、团结群众的核心、攻坚克难的堡垒。

　　党支部要组织党员按期参加党员大会、党小组会和上党课，定期召开支部委员会会议。坚持党员领导干部讲党课制度，各级党委（党组）书记每年至少为基层党员讲一次党课，党课内容要贴近党员、贴近实际，不搞照本宣科。"三会一课"要突出政治学习和教育，突出党性锻炼，坚决防止表面化、形式化、娱乐化、庸俗化。要以学习党章党规、学习习近平总书记系列重要讲话为主要内容，针对党员思想工作实际，确定"三会一课"的主题和具体方式，做到形式多样、氛围庄重。推广党支部主题党日，组织党员在主题党日开展"三会一课"、交纳党费、参加服务群

众等活动。利用红色教育基地等开展开放式组织生活。党支部要制定年度"三会一课"计划并报上级党组织备案，如实记录"三会一课"开展情况，对没有正当理由长期不参加"三会一课"的党员，要进行批评教育，促其改正。上级党组织要对党支部执行"三会一课"情况进行指导检查，对不经常、不认真、不严肃的，要批评指正；情况严重的，要采取整顿等措施，进行组织处理。

要把党支部建设作为最重要的基本建设。在各类基层单位中合理设置党支部，不断扩大党的组织和工作覆盖。指导党支部健全各项工作制度，按期进行换届，选好配强党支部班子，把优秀党员选拔到支部书记岗位。加强对支部书记的培训，帮助其提高党务工作能力。建立党支部工作经常性督查指导机制，持续整顿软弱涣散党支部，为党支部开展工作和活动提供必要保障。

八、层层推动工作落实

各级党组织要把推进"两学一做"学习教育常态化制度化作为全面从严治党的战略性、基础性工程，高度重视，精心组织，抓常抓细抓长。党委（党组）要切实履行主体责任，每年要专门研究部署，一级抓一级，层层抓落实。组织部门要作出具体工作安排，加强督促指导。要发挥"两学一做"学习教育常态化制度化的带动效应，加强基层党建工作薄弱环节，每年梳理分析工作短板，研究确定若干重点任务，集中力量攻坚克难。

把组织开展"两学一做"学习教育情况纳入各级党组织党建工作考核的重要内容，每年结合总结、述职进行检查和评估，作为评判党组织和党组织书记履行管党治党责任情况的重要依据，注重从党支部工作成效和党员作用发挥看效果、让党员群众作评价。要及时总结交流新鲜经验，发现和解决存在问题。对工作落实不力、搞形式走过场的，要严肃批评、追责问责。

习近平管党治党思想：全面从严治党层层推进

百代兴盛依清正，千秋基业仗民心。

党的十八大以来，以习近平同志为核心的党中央开拓创新，不断谋篇布局，努力锻造党的品格，提升党的能力，强化党的担当，立下了全面从严治党的"军令状"。

两个月前召开的六中全会，对加强党的建设、营造风清气正的党内政治生态提出了全面要求，并作出了明确的顶层设计和制度安排，全会公报和审议通过的两部党内法规，彰显了习近平总书记一以贯之的从严治党主张，呈现出我们党管党治党新境界。

中国政治学会副会长包心鉴、中国人民大学廉政建设研究中心主任周淑真等多位学者在接受中国共产党新闻网记者采访时分析认为，习总书记围绕管党治党提出的许多新思想新观点新论断，把党的建设放到"四个全面"战略布局中来考虑，尤其是紧紧围绕国家治理体系和治理能力现代化来推进党的建设，将其上升为党和国家的重大战略举措，科学回答了"怎样管好党、治好党"这一时代主题。

打铁还需自身硬，"严"字展现管党治党决心

法与时转则治，治与世宜则有功。

进入改革开放新时期的中国，随着时代的发展、社会的进步，人民群众在经济、政治、民生、生态环境、党风政风等方面有了许多新期待和新要求。

"打铁还需自身硬。我们的责任，就是同全党同志一道，坚持党要管党、从严治党，切实解决自身存在的突出问题，切实改进工作作风，密切联系群众，使我们党始终成为中国特色社会主义事业的坚强领导核心。"四年前的2012年11月15日，习近平总书记履新伊始，面对中外记者斩钉截铁的宣示，开启了中国特色社会主义伟大事业的新征程。

"协调推进全面建成小康社会、全面深化改革、全面推进依法治国、全面从严治党，推动改革开放和社会主义现代化建设迈上新台阶。"两年前，在江苏考察时，习总书记强调指出，全面从严治党是推进党的建设新的伟大工程的必然要求。

海内外媒体和学者分析认为，习近平总书记在"从严治党"之前，加上"全面"两字，展现出当代中国共产党

人的远见卓识和使命担当。

如何认识习近平总书记管党治党的新理念？包心鉴告诉记者，习总书记管党治党的新理念是党中央治国理政新理念新思想新战略的重要组成部分，是对我们党的建设历史经验的深刻总结，是对社会主义执政党建设基本规律的深入探索，也是对马克思主义建党学说的创造性坚持和发展。

"习近平总书记倾听群众呼声、洞悉群众愿望，着眼于坚持党的根本宗旨、满足人民群众的新期待和新要求，就党的建设作出了一系列重要论述。"国防大学马克思主义研究所研究员颜晓峰告诉记者，人民的愿望要求就是马克思主义执政党的奋斗目标。特别是要按照人民群众对党风政风、各级干部的愿望要求，净化党内政治生态，加强权力监督，展现一个清正廉洁、先进纯洁的执政党形象。

包心鉴认为，习近平总书记管党治党新理念的鲜明特点是坚持思想建党这一根本，凸显制度治党这一主题，突出"把权力关进制度笼子"这一重点，着力解决在新的历史条件下如何应对"四大考验"、克服"四大危险"，严肃党内政治生活、净化优化党内政治生态，确保党始终不脱离人民群众、始终走在时代前列、始终成为中国特色社会主义的坚强领导核心。

在今年庆祝中国共产党成立95周年大会上，习近平总书记在讲话中强调："党的建设关系重大、牵动全局。党和人民事业发展到什么阶段，党的建设就要推进到什么阶段。这是加强党的建设必须把握的基本规律。"

中央民族大学马克思主义学院副院长邵士庆认为，与时俱进地推进党的自我完善和自我革新，不断加强党的执政能力建设和先进性建设，是我们党永葆青春、永葆活力和永葆战斗力的关键所在。

"管党治党，必须严字当头，把严的要求贯彻全过程，做到真管真严、敢管敢严、长管长严。"一个"严"字展现了习近平总书记管党治党的决心：如果管党不力、治党不严，人民群众反映强烈的党内突出问题得不到解决，那我们党迟早会失去执政资格，不可避免被历史淘汰。

就此，颜晓峰认为，敢于从严管党治党、实施严格监督的党组织和领导，是对党的事业和各级干部高度负责的党组织和领导。相反，那些管党治党、党内监督有名无实、松松软软的部门，那些不管事、不得罪人、不行使监督权的领导，恰恰是对事业、对干部不负责的部门和领导，是纵容某些人跌进陷阱、不能自拔的无形推手。

"习总书记在多个场合强调了党要管党、从严治党。从严治党是党始终坚持的一大优良传统，也是党做好一切工作的重要保障。"中央党校教授张荣臣认为，全面从严治党是对十八大以来"党要管党、从严治党"要求的延伸，体现了新形势下加强和改进党的建设的必然要求。

以"八项规定"为切入口,管党治党总体部署层层推进

在《论语·颜渊》中,季康子问政于孔子,孔子对曰:"政者,正也。子帅以正,孰敢不正。"为政者,首当自正,自正方能服众,上行下效,吏治顿清。

2012年12月4日,中共中央政治局会议审议通过改进工作作风、密切联系群众的"八项规定"。短短数百字的规定,开启了中国共产党激浊扬清的作风之变。

"作风建设是全面从严治党的逻辑起点,加强党内政治生活是以作风建设为切入点的逻辑展开。"中央党校党建教研部教授高新民说。

关于改进工作作风,密切联系群众的8项规定

1. 要改进调查研究,切忌走过场、搞形式主义;要轻车简从、减少陪同、简化接待。
2. 要精简会议活动,切实改进会风;提高会议实效,开短会、讲短话,力戒空话、套话。
3. 要精简文件简报,切实改进文风,没有实质内容、可发可不发的文件、简报一律不发。
4. 要规范出访活动,严格控制出访随行人员,严格按照规定乘坐交通工具。
5. 要改进警卫工作,减少交通管制,一般情况下不得封路、不清场闭馆。
6. 要改进新闻报道,中央政治局同志出席会议和活动应根据工作需要、新闻价值、社会效果决定是否报道,进一步压缩报道的数量、字数、时长。
7. 要严格文稿发表,除中央统一安排外,个人不公开出版著作、讲话单行本,不发贺信、贺电,不题词、题字。
8. 要厉行勤俭节约,严格执行住房、车辆配备等有关工作和生活待遇的规定。

(图:"八项规定"主要内容)

回顾过去的四年，以"八项规定"为切入口，思想建党和制度治党紧密结合，党风廉政建设踏石留印、抓铁有痕，层层推进。

今年召开的十八届六中全会，进一步对全面从严治党进行了总体部署。全会公报聚焦新形势下的党内政治生活准则，提出了新形势下加强和规范党内政治生活的"四个着力"，审议通过的《关于新形势下党内政治生活的若干准则》，结合新的历史条件，以问题为导向，对党内政治生活重大问题作出了系统化、具体化的明确规定。这一部署，正是要锻造一个更加坚强有力的领导核心，引领中国在新的起点上整装再发。

"新形势下加强和规范党内政治生活，既要坚持过去行之有效的制度和规定，也要结合新的时代特点与时俱进，拿出新的办法和规定。"习总书记在关于《关于新形势下党内政治生活的若干准则》和《中国共产党党内监督条例》的说明中指出，在文件稿起草过程中特别注意"体现时代性、创新性"。

"全面净化党内政治生态是全面从严治党的重要目标。"中央党校教授、全国党建研究会特邀研究员严书翰在接受记者采访时谈到，全面净化党内政治生态也就是要加强和规范党内政治生活，增强党内政治生活的政治性、时代性、原则性、战斗性。

六中全会召开后一个多月，中共中央政治局召开会议审议通过规范党和国家领导人有关待遇等文件，对党和国家领导人办公用房、住房、用车、交通、工作人员配备、休假休息等待遇进一步作出规定。对此，境内外舆论评价道，"八项规定"在执行四年之后再次升级，中国共产党改进作风、从严治党的决心坚定不移。

"规范党和国家领导人的有关待遇，应该说是'以上率下'的关键。"有媒体分析，从领导干部特别是高级干部做起，不遗漏任何一个权力麇集的角落，则各项规章制度才有可能风行草偃，蔚成风气，从根本上改善党风、政风，约束不羁的权力，进而优化政治生态、扭转社会风气。

周淑真向记者谈到，能否管住特权现象，在一定程度上影响了人心的向背。党中央的这一规定，体现了以身作则、率先垂范，对全党具有重要示范和带动作用。规定的贯彻执行将为全面从严治党增添新的内容，对于赢得人心向背产生较大的作用。

推进思想建党严明纪律规矩，筑牢全面从严治党基础

注重从思想上建党，是马克思主义政党建设的基本原则和根本要求，是中国共产党95年不断发展壮大的宝贵经验和重要法宝，也是习近平总书记管党治党的鲜明特征和首要任务。

就此，习近平总书记在庆祝中国共产党成立95周年大会上的重要讲话中强调指出,"理论上清醒,政治上才能坚定。坚定的理想信念,必须建立在对马克思主义的深刻理解之上,建立在对历史规律的深刻把握之上"。

"新形势下加强和规范党内政治生活,必须以党章为根本遵循,坚持党的政治路线、思想路线、组织路线、群众路线。"

六中全会公报进一步体现出习总书记高度重视思想建党这一管党治党理念。在公报12个"全会提出"中,第一个就是必须把坚定理想信念作为开展党内政治生活的首要任务,要求全党同志"坚定对中国特色社会主义的道路自信、理论自信、制度自信、文化自信"。有媒体分析认为,四条"路线"、四个"自信",围绕的正是"思想建党"这一核心内容。

"将'坚定共产主义远大理想'列入开展党内政治生活的首要任务具有重大指向意义。"中国社会科学院政治学研究所副研究员樊鹏向记者谈到,党的十八大以来,习近平总书记数十次谈及共产主义理想信念,一再重申信仰共产主义崇高理想是共产党人的根本,强调树立共产党人的远大目标,警示党内迷失方向、功利主义、实用主义倾向。

欲知平直,则必准绳;欲知方圆,则必规矩。

人不以规矩则废,党不以规矩则乱。纪律严明是全党统一意志、统一行动、步调一致前进的重要保障,是党内政治生活的重要内容。

关于严明纪律，习总书记曾一再强调，要立规明矩，把纪律规矩立起来、严起来，使各项纪律规矩真正成为"带电的高压线"，防止出现"破窗效应"。要把纪律建设摆在更加突出位置，坚持纪严于法、纪在法前，健全完善制度，深入开展纪律教育，狠抓执纪监督，养成纪律自觉，用纪律管住全体党员。

"'守纪律讲规矩'是思想建党和制度治党在新的历史条件下的具体化，是党中央重构政治生态、建设廉洁政治的重要环节，是党纪建设的治本之策。这一思想的提出目的明确，针对性强。"周淑真指出，这一思想的提出，体现了以习近平同志为核心的党中央的政治智慧和历史担当，体现了面对现实、直面问题的勇气。

习近平总书记的讲话谈到在"纪律"与"规矩"时，还提出了"总规矩""刚性约束""刚性规矩""成文规矩""不成文纪律""政治纪律"等一系列新提法，内涵丰富严谨，相互之间存在有机而密切的逻辑联系。

"只有抓好思想教育这个根本，涵养政治文化，才能不断培厚良好政治生态的土壤，筑牢全党步调一致的根基；只有抓好严明纪律这个关键，强化党内制度约束，才能推动管党治党不断从'宽松软'走向'严实硬'"。正如人民日报评论员指出，党内政治生活严肃起来、认真起来，全面从严治党就有了重要基础。

强化党内监督深化制度治党,以上率下抓好"关键少数"

"治乱存亡,其始若秋毫,察其秋毫则大物不过矣。"早在延安时期,我们党就提出跳出"历史周期律"的课题。

历史经验深刻告诉我们,小治治事、中治治人、大治治制。廉洁自律准则、纪律处分条例、巡视工作条例,还有本次六中全会审议的党内监督条例……十八大以来,严肃党内政治生活不仅是一次"思想上的革命",更是一次"制度上的探索"。

"坚持思想建党和制度治党紧密结合。从严治党靠教育,也靠制度,二者一柔一刚,要同向发力、同时发力。"2014年10月,在党的群众路线教育实践活动总结大会上的重要讲话中,习总书记首次提出"制度治党"。

"治理国家,制度是起根本性、全局性、长远性作用的。"全面从严治党,更必须把制度建设提到根本性、全局性、长远性高度,高度重视制度的治党功能、充分彰显制度的治党效应。

"坚持和强化制度治党,是全面从严治党的治本之策,是着力解决管党治党宽松软问题的根本措施。"包心鉴告诉记者,注重制度治党,是党的建设历史经验的深刻总结;凸显制度治党,是净化优化党内政治生态的迫切要求;深化制度治党,是积极稳妥推进政治体制改革的重要任务。

六中全会通过制定《关于新形势下党内政治生活若干

准则》、修订《中国共产党党内监督条例》，把传统的优势凝固成制度的"底座"，进一步把权力关进制度的"笼子"。

"制度治党着力于解决党员干部遵规守纪的边界和底线问题。"中央党史研究室原副主任石仲泉认为，思想建党和制度治党两者是一车两轮、相辅相成，构建起全面从严治党的新框架。

如何避免党员干部权力"越界"，加强监督系统建设至关重要。对于监督的重视，是习近平总书记管党治党思路中非常重要的一环。他曾明确指出，党要管党、从严治党，"管"和"治"都包含监督。

颜晓峰告诉记者，全面从严治党，制定制度很重要，更重要的是落实和执行制度。不能让它们形同虚设，让人感觉到好像只是口上说说、纸上写写、墙上挂挂、手册上印印，只是束之高阁的一纸空文。

"党内监督是党的建设的重要内容，也是全面从严治党的重要保障。"在关于《关于新形势下党内政治生活的若干准则》和《中国共产党党内监督条例》的说明中，习近平总书记强调指出，全面从严治党，必须从根本上解决主体责任缺失、监督责任缺位、管党治党宽松软的问题，把强化党内监督作为党的建设重要基础性工程，使监督的制度优势充分释放出来。

基于此，党中央对建立健全党内监督体系、完善权力运行制约和监督机制等，作出了明确的制度安排。六中全会审议通过了《中国共产党党内监督条例》，为权力"笼子"加固并挂上了一把大"锁"。

"党内监督为当代世界任何一个政党所必需，对于执政党来说党内监督更是兴衰成败之所系。"周淑真向记者谈到，政治生活准则和党内监督条例是囊括党内政治生活和党内所有监督问题的总文件，它们所提供的是带有原则性的一种准则、规则和规范。

党内监督，谁是重点对象？六中全会明确指出，党内监督的重点对象是党的领导机关和领导干部特别是主要领导干部，"党内监督没有禁区、没有例外"，"党内不允许有不受制约的权力，也不允许有不受监督的特殊党员"。准则和条例都强调以高级干部为重点，十分引人注目。

对于各级领导班子一把手这些"关键少数"中的"关键少数"，习总书记一贯尤为重视。以上率下，抓好"关键少数"，一直是总书记治党管党的重要思想。在"三严三实"专题教育中，习总书记就专门主持召开中央政治局专题民主生活会，为全党作出表率。

"强调领导干部、高级领导干部的作用，是党中央总结党自身建设的经验。"中央党校党建教研部教授戴焰军认为，这一经验是基于十八大以来我们全面从严治党的现实经验，对加强规范党的政治生活所提出的一个具有现实意义的重要要求。因为，领导干部处于决策位置，要经他们来领导广大党员进行工作。

可以说，加强和规范党内政治生活、加强党内监督，是制度治党的两翼；坚持思想建党和制度治党紧密结合，净化党内政治生态，是习近平总书记管党治党思路的出发点和落脚点。

着眼国家治理体系和治理能力现代化，彰显发展新成就

推进国家治理体系和治理能力现代化，是中国共产党提出的实现全面深化改革的总目标之一，也是一个全新的理论命题。

政党能力是影响一个国家政治发展和政治文明的关键，也在很大程度上影响着国家治理现代化的实现。

"继续加强党内政治生活，一个重要的目的就是增强党的自我净化，自我革新的能力，进一步形成党长期执政条件下自我发现问题，自我纠正偏差的新机制，是解决当前阶段面临的四种危险，克服挑战的重要制度保障。"北京师范大学马克思主义学院教授李涛告诉记者，严肃的党内政治生活，不仅是中国共产党的成败所在、中国的兴衰所系，也会给世界以新的视角、新的方向。

"治国必先治党，党的领导能力既包括治国理政，也包括管党治党。"颜晓峰谈到，我们党是长期执政的党，既要治国也要治党，二者不可偏废。治党是治国的基础和前提，治党不严、治党不力，党就缺乏战斗力领导力执政力，

就担负不起、担负不好治国理政的历史使命。治国是治党的目的和标准，治党要有利于更好治国理政，治党成效如何，要通过治国理政的成效来检验和证明。

颜晓峰认为，治国不易，治党同样不易，因为自我革命要克服更深层的矛盾障碍，要解脱更纠缠的利益关系，要形成更高瞻的视野胸怀。新形势下治党能力集中表现在能不能全面从严治党上，这是对党的治党能力的考验。

"十八大以来一系列从严治党的举措，不仅释放了有责必问、执纪必严的强烈信号，也体现了以习近平同志为核心的党中央治国理政的新理念和新实践。"樊鹏告诉记者。

张荣臣对记者说到，推进国家治理体系和治理能力现代化关键在党。这不仅是指关键在党的自身建设，更主要的是指坚持和改善党的领导，处理好党政、党法、党群关系。习总书记管党治党新理念，紧紧围绕国家治理体系和治理能力来推进党的建设，更是把党的建设上升为了党和国家的重大战略举措。

（原载：人民网 2016 年 12 月 19 日，作者：万鹏）

第一篇

党的建设已进入
全面从严治党新阶段

全面从严治党的新阶段已经到来

党的群众路线教育实践活动，推动党的建设走上了全面从严治党新阶段，开启了党的建设新征程。

一、新阶段发端于伟大的群众路线教育实践活动

伟大的群众路线教育实践活动，是中国共产党自身建设走上全面从严治党新阶段的发端。

首先，进入党建新阶段所必备的全党思想行为新觉醒，党的群众路线教育实践活动已经给出。

我们党的建设有一个规律，即每一个发展时代，都需要对自身肌体内所形成一些沉疴顽疾，进行一次系统的清理，实现全党的思想行为新觉醒。革命时期的延安整风，是清理主观主义、教条主义和宗派主义残余的思想行为新觉醒。改革开放前夕的"关于真理标准问题的大讨论"，

是解决社会主义建设时期所形成的"左"的思想禁锢的思想大解放。改革开放新30年，需要一次对过去30年党的自身发展所逐渐积累下来的沉疴顽疾和藩篱羁绊的系统清理，以实现思想行为的新觉醒。开展党的群众路线教育实践活动，用马克思主义中国化的最新理论成果武装全党，全党同志在认真学习"习近平同志系列重要讲话精神"中，对"四风"的实质、产生的根源和具体表现进行深入的剖析，深刻认识到形式主义、官僚主义、享乐主义和奢靡之风在日益成为我们党的沉疴顽疾、无形的藩篱、前进的障碍。如果任"四风"盛行，势必要疏远了人民群众，败坏了党风政风，损害了党的先进性和纯洁性、损害了党的执政基础和执政地位。习近平同志深刻地指出：如果我们的党员干部沉迷在"四风"之中，"还讲什么无数革命先烈流血牺牲打下的红色江山永不变色，那是多么大的讽刺啊！无数革命先烈流血牺牲打下的红色江山就是让一些人去挥霍败坏的吗？！""如果'四风'问题蔓延开来又得不到有效遏制，就会像一座无形的墙把党和人民群众隔开，就会像一把无情的刀割断党同人民群众的血肉联系"，"党就会失去根基、失去血脉、失去力量"。大量的事实警示我们："作风问题是腐败的温床"，如果任"腐败问题越演越烈，最终必然会亡党亡国！"。深邃的理论，拨开了"四风"笼罩的迷雾。全党认真贯彻八项规定，扎实开展群众路线教育实践活动，展开严肃的正风肃纪行动和反腐败斗争，震撼人心、惊心动魄，全党全社会经历了一次时代的心灵洗礼。告别粗放型发展年代，砸碎"四风"枷锁，坚决治理腐败，以马克思主义政党先进性和纯洁性的新姿态轻装上阵，为了实现中华民族伟大复兴中国梦而努力奋斗，这就是全党的思想行为新觉醒，这就是党的建设每一个时代所需要的思想行为新觉醒。

其次，党的群众路线教育实践活动，提供了党建新阶段所必备的党的思想路线的新内涵。党的思想路线的新内涵，既是党的建设每一个发展阶段的重要标志，也是解决具体时代主题和解决自身建设课题的思想新武器。革命时期形成与确立了实事求是、理论联系实际的思想路线，解决了农村包围城市的井冈山道路和党的建设的第一个伟大工程。十一届三中全会前后的伟大历史转折时期，党提出与运用"解放思想"的新武器，使党和国家迅速进入了改革开放新时代。20世纪与21世纪之交，通过"与时俱进"，体现时代性、把握规律性、富于创造性，为党和国家的建设，打开了一个广阔的前景。党的十六大之后，是"以人为本"的新武器，开拓了民生建设的新时代。党的群众路线教育实践活动，在坚持党的思想路线的基础上，注入了"严肃认真"新内涵，并发挥出了决定性作用。"严肃"，就是按照"照镜子、正衣冠、洗洗澡、治治病"的总要求，以严的标准、严的措施、严肃的纪律和严肃的党内政治生活，坚决反对"四风"，严肃对待从严治党。"认真"，就是以"踏石留印、抓铁有痕"的劲头抓党建，领导干部带头，一级带一级，一级抓一级，焦距"四风"、找准穴位、抓住要害，正风肃纪，认真开展。不"走神"，不"散光"，不走过场，不搞虎头蛇尾，对照理论理想、党章党纪国法、民心民声、先辈先进"四面镜子"，认真补精神之"钙"、除"四风"之害、祛行为之垢、立为民之制。在中央政治局的模范带领下，全党纷纷行动起来，坚决冲破"四风"的束缚和羁绊，坚决拆除隔在党和人民群众之间的"四风"这堵墙，开展积极的党内生活，进行积极健康的思想斗争，亮短揭丑，对党内的作风之弊、行为之垢，进行了一次大排查、大检修和大扫除。党的思想路线的"严肃认真"新内涵，为全面从严治党提供了新的思想武器。

第三，党的群众路线教育实践活动，为全面从严治党作出了先期探索。

突出问题导向，把党的群众路线创造性贯彻于思想建设、组织建设、作风建设、制度建设和反腐倡廉建设的每一个环节，以严肃认真的新思想武器聚焦反对形式主义、官僚主义、享乐主义和奢靡之风，以反腐倡廉建设为着力点，以保障和改善民生、解决人民群众反映强烈的突出问题为切入点，以教育和实践两手抓为基本手段，抓住保持党的先进性和纯洁性、巩固党的执政基础和执政地位两个关键环节，把解决干部队伍中的"四风"问题和改善与提高民生同时并举，把正风肃纪和社会上坚决打击各种违法

第一篇 党的建设已进入全面从严治党新阶段

犯罪活动同时并举,把坚决推进反腐倡廉建设和坚决维护群众利益权益同时并举,坚持开门搞活动,突出问题导向,以问题整改开局亮相,以问题整改注入动力,以问题整改交出答卷,是对全面从严治党作出的重要新探索。

贯彻党的群众路线"没有休止符,作风建设永远在路上",把教育、实践、四查、整建四位一体的新方式认真运用于全面从严治党的过程中,从严抓好思想"教育",认真抓好治党"实践",严格抓好"检查、督查"工作;认真抓好"查处"与"查办"违犯党纪的行为和违法乱纪的腐败案件。认真抓好"整建"工作,即系统整改、修规完纪、立法立规工作。坚持标本兼治,经常抓、见常态,深入抓、见实效,持久抓、见长效,通过立破并举、扶正祛邪,在巩固中坚持、在坚持中巩固、在坚持与巩固中深化拓展,是对全面从严治党方法手段的新探索。

第四,"三严三实"专题教育和"两学一做"学习教育将全面从严治党推向深入。在党的群众路线教育实践活动基础上,2015年4月,中央办公厅印发《关于在县处级以上领导干部中开展"三严三实"专题教育方案》,对2015年在县处级以上领导干部中开展"三严三实"专题教育作出安排。2016年2月,为进一步解决党员队伍在思想、组织、作风、纪律等方面存在的问题,保持发展党的先进性和纯洁性,中央决定,2016年在全体党员中开展"学党章党规、学系列讲话,做合格党员"学习教育。"两学一做"

学习教育，是落实党章关于加强党员教育管理要求、面向全体党员深化党内教育的重要实践，是推动党内教育从"关键少数"向广大党员拓展、从集中性教育向经常性教育延伸的重要举措，是加强党的思想政治建设的重要部署。

二、新阶段有十方面新任务

党的群众路线教育实践活动，为全面从严治党新阶段提供了思想文化新觉醒，提供了新的思想武器，提供了新探索。在这样的基础上，2014年10月8日习近平同志在党的群众路线教育实践活动总结大会上的讲话中，对全面从严治党作出了新的战略部署，提出了八方面新任务。新部署新任务的提出，标志着全面从严治党新阶段的到来。具体的八方面新任务为：

第一，落实从严治党责任。党要管党，全面从严治党，增强管党治党意识、落实管党治党责任是其首位。明确责任，落实责任与追究责任，是全面从严治党的基本环节。全国各级党委、各部门党委（党组）必须聚精会神抓党建，各级党委书记、各部门党委（党组）书记必须成为从严治党的书记，各级各部门党委（党组）成员必须履行分管领域从严治党责任。各级各部门党委（党组）必须树立正确政绩观，坚持从巩固党的执政地位的大局看问题，把抓好党建作为最大的政绩。对各级各部门党组织负责人特别是党委（党组）书记的考核，首先要看抓党建的实效，考核其他党员领导干部工作也要加大这方面的权重。具体到党内监督问题上，十八届六中全会明确指出：党的中央委员会、中央政治局、中央政治局常务委员会全面领导党内监督工作。党委（党组）在党内监督中负主体责任，书记是第一责任人，党委常委会委员（党组成员）和党委委员在职责范围内履行监督职责。党的各级纪律检查委员会要履行监督执纪问责职责。党的工作部门要加强职责范围内党内监督工作。党的基层组织要监督党员切实履行义务，维护和执行党的纪律。

第二，坚持思想建党和制度治党紧密结合。全面从严治党一靠教育，二靠制度，二者一柔一刚，要同向发力、同时发力。思想教育要突出重点，加强党性和道德教育，引导党员、干部坚定理想信念，坚守共产党人精神追求。要加强警示教育，让广大党员、干部受警醒、明底线、知敬畏，主动在思想上画出红线、在行为上明确界限，真正敬法畏纪、遵规守矩。思想教育要结合落实制度规定来进行，抓住主要矛盾，不搞空对空。要使加强制度治党的过程成为加强思想建党的过程，也要使加强思想建党的过程成为加强制度治党的过程。

第三，严肃党内政治生活。十八届六中全会的一项核心议题就是审议通过《关于新形势下党内政治生活的若干准则》，六中全会公报对党内政治生活提出了十二项明确要求。这些足以说明党内政治生活在全面从严治党中的重要性。党内政治生活是党组织教育管理党员和党员进行党性锻炼的主要平台，全面从严治党必须从党内政治生活严起。全面从严治党，最根本的就是要使全党各级组织和全体党员、干部都按照党内政治生活准则和党的各项规定办事。严肃党内政治生活的一个重要途径就是用好批评与自我批评的武器。严肃党内政治生活贵在经常、重在认真、要在细节。党内政治生活和组织生活要讲政治、讲原则、讲规矩。党内上下关系、人际关系、工作氛围都要突出团结和谐、纯洁健康、弘扬正气，不允许搞团团伙伙、帮帮派派，不允许搞利益集团、进行利益交换。

第四，坚持从严管理干部。从严治党，重在从严管理干部。正确的政治路线要靠正确的组织路线来保证。干部掌握着方方面面的权力，是党的理论和路线方针政策的具体执行者。坚持从严管理干部，总的是要坚定理想信念，加强道德养成，规范权力行使，培育优良作风，使各级干部自觉履行党章赋予的各项职责，严格按照党的原则和规矩办事。要坚持以严的标准要求干部、以严的措施管理干部、以严的纪律约束干部，使干部心有所畏、言有所戒、行有所止。各级干部特别是领导干部要按照"三严三实"要求，深学、细照、笃行焦裕禄精神，努力做焦裕禄式的好干部。

第五，扎实做好抓基层、打基础的工作。一是强调当前和今后一个时期，要以党的十八大提出的加强基层服务型党组织建设来指导基层党建。二是在组织设置上,针对在市场体制下的新情况,强调在非公经济组织、社会领域、城乡结合部、流动人口聚集地加强党的工作,"越是情况复杂、基础薄弱的地方,越要健全党的组织、做好党的工作,做好全覆盖,固本强基,防止'木桶效应'"。三是重视基层党组织的功能与领导方式工作方式的转变,把基层党组织的工作重心转到服务发展、服务民生、服务群众、服务党员上来,使基层党组织领导方式、工作方式、活动方式更加符合服务群众的需要。在党员队伍管理上,习近平同志提出研究党员数量和质量的关系,"如何正确处理党员数量和质量的关系,优化结构,提高质量,是需要深入研究的一个课题"。"马克思主义政党的力量和作用,既取决于党员数量,更取决于党员质量。对于我们这样一个长期执政的党来说,数量应该没什么问题,难的主要是提高质量"。发展党员,党组织要严格把关,把政治标准放在首位,确保政治合格;要严格党员日常教育和管理,使广大党员平常时候看得出来、关键时刻站得起来、危急关头豁得出来;疏通党员出口,对于那些丧失党员条件的及时进行组织处理,对于那些道德败坏、蜕化变质的坚决清除出党。

第六,持续深入改进作风。党风问题关系党的生死存亡。作风建设是攻坚战,也是持久战。各级党员干部要从我做起、从小事做起,带头坚守正道、弘扬正气,努力营造良好从政环境。要紧紧盯住作风领域出现的新变化新问题，及时跟进相应的对策措施，做到掌握情况不迟钝、解决问题不拖延、化解矛盾不积压，谁以身试法就要坚决纠正和查处。要加强治本工作，使党员、干部不仅不敢沾染歪风邪气，而且不能、不想沾染歪风邪气，使党的作风全面纯洁起来。

第七，全面推进惩治和预防腐败体系建设，把权力关进制度的笼子。党中央领导了反腐败和廉政建设，坚持反腐败无禁区、全覆盖、零容忍，严肃查处腐败分子，着力营造不敢腐、不能腐、不想腐的政治氛围。十八大以来，中央一再强调健全权力运行制约和监督体系。一是确立了权力制约体系的目标："构建决策科学、执行坚决、监督有力的权力运行体系，健全惩治和预防腐败体系，建设廉洁政治。"二是把反腐败、权力制约与党和国家权力运行体系联系在一起整体设计，提出完善党和国家领导体制，坚持民主集中制，充分发挥党的领导核心作用，规范党政主要领导干部职责权限，科学配置党政部门及内设机构权力和职能，明确职责定位和工作任务。加强和改进对主要领导干部行使权力的制约和监督。三是对政府内部的权力制约监督，主要是减少行政审批，转变政府职能。习近平同志强调要最大限度减少政府对微观事务的管理。对保留的审批事项，要推行地方各级政府权力清单制度，依法公开权力运行流程。对审批权力集中的部门和岗位要分解权力、定期轮岗，强化内部流程控制，防止权力滥用。

第一篇 党的建设已进入全面从严治党新阶段

第八,严明党的纪律。党的纪律是全党同志必须遵守的行为准则,严格遵守和坚决维护纪律是做合格党员、干部的基本条件。纪律不严,从严治党就无从谈起。纪律面前一律平等,党内不允许有不受纪律约束的特殊党员。党的各级组织要积极探索纪律教育经常化、制度化的途径。党的纪律规定要根据形势发展和党的建设需要不断完善,确保系统配套、务实管用,防止脱离实际、内容模糊不清、滞后于实践。各级党组织和领导干部要切实履行执纪职责,拒绝说情风、关系网、利益链,采取管用的措施提高组织管理的有效性,使违纪问题能及时发现、及时查处。

第九,发挥人民监督作用。得民心者得天下,失民心者失天下,人民拥护和支持是党执政最牢固的根基。人民群众中蕴藏着治国理政、管党治党的智慧和力量,从严治党必须依靠人民。让人民支持和帮助我们从严治党,要注意畅通两个渠道,一个是建言献策渠道,一个是批评监督渠道。各级党员干部要多沉下身子、走近群众,就从严治党问题多向群众请教。各级党组织和党员、干部的表现都要交给群众评判。群众提出的意见只要对从严治党有好处,我们就要认真听取、积极采纳。

第十,深入把握从严治党规律。从严治党有其自身规律,我们党在长期实践中,不断总结自己正反两方面经验,也积极借鉴国外执政党建设的经验教训,深刻认识到了一些从严治党规律。推进全面从严治党,我们必须根据新形势新任务深入研究全面从严治党规律,全力推进党风廉政建设和反腐败斗争。我们要把研究从严治党规律和研究执政规律相结合,在全面从严治党中更好地执政,在推进执政事业中实现全面从严治党。

全面从严治党的伟大使命

在全面从严治党新阶段,中国共产党肩负着创造百年辉煌、保持百年的先进性与纯洁性和跨越百年的伟大历史使命。

一、全面从严治党肩负着伟大的历史使命

全面从严治党新阶段,是跨越中国共产党建党百年的重要发展阶段,是攸关能否创造百年辉煌和跨越百年使党更加先进和纯洁的重要发展阶段。

首先,全面从严治党,肩负着到2021年创造建党百年历史辉煌的神圣使命。

从1921年到2021年的百年时间,中国共产党要完成三大历史使命。

第一个使命是中国共产党紧紧依靠人民大众完成了新

民主主义革命，实现了国家独立、民族解放、人民翻身。经过建党初期的工农运动、北伐战争、土地革命战争、抗日战争、解放战争，党和人民进行28年浴血奋战，打败日本帝国主义侵略，推翻国民党反动统治，建立了中华人民共和国。新中国的成立，使中国人民成为主宰国家、社会和自己命运的主人，实现了中国从几千年封建专制制度向人民民主制度的伟大跨越，实现了中国高度统一和各民族空前团结，彻底结束了旧中国半殖民地半封建社会的历史，彻底结束了旧中国一盘散沙的局面，彻底废除了列强强加给中国的不平等条约和帝国主义在中国的一切特权。中国人民从此站立起来了，中华民族发展进步从此开启了新的历史纪元。这一使命已经完成。

第二个使命是我们党紧紧依靠人民完成了社会主义革命，确立了社会主义基本制度。党和人民创造性地实现了由新民主主义到社会主义的转变，使占世界人口四分之一的东方大国进入社会主义社会，实现了中国历史上最广泛最深刻的社会变革。通过艰难曲折的奋斗，建立起了独立的比较完整的工业体系和国民经济体系，积累了在中国这样一个社会生产力水平十分落后的东方大国进行社会主义建设的重要经验。这一使命也已经完成。

第三个使命是进行了改革开放新的伟大革命，到2021年建党一百周年，团结和领导全国人民全面建成小康社会，让全国人民都过上美好的小康生活。建立新中国、新制度新体系和人民的全面小康生活,就是中国共产党人的三大历史使命。完成这三大使命,从根本上改变中国人民和中华民族的前途命运,使5000多年文明的中国焕然一新,使人类文明展现壮观的一幕,创造建党百年的历史辉煌,为实现中华民族伟大复兴的中国梦迈开坚实的一步。目前,距离完成第三个历史使命,只有短短的六年时间。任务艰巨,使命光荣,时间紧迫,为确保全面建成小康社会战略大决战的胜利,必须用全面从严治党来保证。

其次,全面从严治党,肩负着把中国共产党建设成一个保持百年先进性和纯洁性的马克思主义政党,建设成一个更加充满勃勃生机和更加富有生命力、战斗力的中国工人阶级先锋队和中国人民与中华民族的先锋队的历史重任。改革开放以来,党的建设在取得伟大成就的同时,存在的腐败问题、作风问题、理想信念问题、能力转型问题、规矩纪律短板、道德操守问题、脱离群众问题等,也十分不容忽视。为建设一个保持百年先进性与纯洁性的马克思主义政党,任务也十分艰巨,必须用全面从严治党来实现。

第三,全面从严治党,肩负着使党的执政基础和执政地位更加巩固,使党站在建党百年新的历史起点上,开拓团结和带领全国各族人民实现中华民族伟大复兴中国梦的光辉灿烂前程的崇高历史责任。

为着肩负起创造建党百年辉煌的历史使命、保持百年先进性与纯洁性的历史重任和实现长期执政的历史责任,我们应当增加全面从严治党的自觉与自信。

二、全面从严治党的核心是发展党的先进性

全面从严治党，核心是追求和发展党的先进性，这是把握党建新阶段的一个关键问题。

保持和追求党的先进性和纯洁性，是党的建设要解决的两个基本问题。先进性是马克思主义政党的本质特征，客观上要求党要代表人类社会前进方向和推动经济社会发展。不发展，一点先进性都没有。党的先进性是具体的、历史的，离开发展，离开最广大人民群众的根本利益，党的先进性就无从谈起。从革命到社会主义发展，再到共产主义实现，是追求和发展党的先进性要解决的历史主题。而保持党的纯洁性与加强党的纯洁性建设，是解决党的自身肌体健康，保证党永不蜕化变质的问题。先进性追求事业辉煌，纯洁性追求自身健康；没有事业辉煌，党就没有先进性之说；没有自身健康，党就会逐渐毁掉，更谈不上远大事业；伟大的事业必须有强健的体魄作保证。加强党的纯洁性建设，最终还是为了保证和支持党造就伟大的事业，追求和发展党的先进性，这就是二者之间的辩证统一关系。在今天，全面从严治党，不是在推动发展方面把党束缚住，而是要解决如何转变粗放型发展方式，解决在守纪律、讲规矩、靠法治的条件下学会推动科学发展，善于

推动科学发展和深化改革，不断提高推动发展、改革和法治的能力。这是全面从严治党阶段对追求和发展党的先进性的全新要求。我们共产党人必须勇于探索，大胆创新，努力提高新能力。

先进性具有时代性，对于马克思主义政党来说，每个时代都要追求和实现每个时代的先进性，无数个先进性之和，才能成为党的历史先进性。在全面从严治党新阶段，我们必须在坚持"四个全面"协调推进中追求和发展党的先进性。全面建成小康社会是到建党一百年必须实现的战略目标，全面深化改革、全面推进依法治国、全面从严治党是实现目标的三大战略举措。2015年10月，党的十八届五中全会审议通过《中共中央关于制定国民经济和社会发展第十三个五年规划的建议》，提出创新、协调、绿色、开放、共享的五大发展理念，为全面建成小康社会绘制了具体蓝图。2016年是"十三五"规划的开局之年，全面建成小康社会已进入决定性阶段，"实现这个目标是实现中华民族伟大复兴中国梦的关键一步"。决战全面建成小康社会的最后五六年，发展是最艰巨的任务。推动发展，转变发展方式，实施创新驱动战略，造就大众创业、万众创新的发展态势，是中国共产党的第一要务。全面从严治党，就是要治理发展过程中的腐败现象和腐败问题，就是加强党的纪律建设，保证党的政治路线贯彻实施；说到底，是为了解决发展问题，追求在守纪律、讲规矩、依法治国的历史条件下如何实现和发展党的先进性问题。面对过去30年形成的粗放型发展方式,决战全面建成小康社会的最后几年,必须全面深化改革,不断解放和发展生产力。通过系统性、整体性、协同性的深化改革,让一切劳动、知识、技术、管理、资本的活力竞相迸发,让一切创造社会财富的源泉充分涌流,为决战全面建成小康社会提供源源不断的力量,让创造出的发展成果更多更公平惠及全体人民,让全面深化改革的制度体制机制成果成为建党一百年之后的发展基础。决战全面建成小康社会、推进全面深化改革中呈现出的实现群众利益、保障群众基本权益、正确处理人民内部矛盾和党群关系干群关系、正确处理收入差距矛盾、正确处理改革发展稳定中的一系列社会矛盾与民生问题、反腐败问题、治理环境污染问题,必须依赖全面推进依法治国,以更好地统筹社会力量、平衡社会利益、调节社会关系、规范社会行为,使我国在深刻变革中既生机勃勃又井然有序,实现经济发展、政治清明、文化昌盛、社会公正、生态良好。全面从严治党,一方面,为全面建成小康社会、全面深化改革和全面依法治国提供坚强的政治保证;另一方面,使党在经济新常态下提高创新的能力,提高全面深化改革的能力,提高全面推进依法治国的能力,提高在守纪律、讲规矩的历史条件下的管党治党能力。通过全面从严治党,使党的先进性和纯洁性更加具有鲜明的时代特征,使党的执政基础和执政地位更加巩固,使党屹立在建党百年的新起点上。全面深化改革、全面推进依法治国，是全面建成小康社会、走好实现中华民族伟大复兴中国梦"关键一步"的两个基本武器，而全面从严治党，则是塑造能够科学使用两个基本武器、团结和带领全国亿万人民为全面建成小康社会而英勇冲锋陷阵的先进战士。这"四个全面"，每三个"全面"都为第四个"全面"打开新的发展空间，开拓新的境界，提高新的文明视野；因此，必须坚持"四个全面"协调推进，在相辅相成、相互促进、相得益彰中实现和发展党的先进性。

稳步推进全面从严治党

在党的建设新阶段,建设一个保持百年先进性与纯洁性的马克思主义政党,是全面从严治党的基本任务。为完成这一任务,我们必须科学谋划,稳步推进全面从严治党。

一、以落实从严治党责任严肃责任追究为基本抓手

推进全面从严治党,必须以落实从严治党责任、严肃责任追究为基本抓手。

全面从严治党,关键在落实。因此,落实管党治党责任、严肃责任追究,是全面从严治党的首要问题。全面从严治党,各级党委(党组)承担主体责任,纪委承担监督责任,主要党政领导干部承担领导责任。全面从严治党,就是以落实这三个责任和严肃责任追究为基本抓手。

各级各部门党委(党组)落实全面管党治党责任,应

当认真抓好四件事。

一是把思想转到全面从严治党的新阶段上来，切实增强全面从严管党治党意识。党委（党组）书记与基层党组织书记必须树立全面从严治党的主体责任意识，抓好党建事关党的生命，事关党的长期执政与社会主义道路和共产主义远大理想能否坚持下去。抓不好党建最终造成党垮了，社会主义垮了，社会动荡了，一切都无从谈起。党建责任重于泰山。

二是工作上认真落实治党责任。明确责任，落实责任，追究责任，是全面从严治党的三项基本工作。各级各部门党委（党组）与党委（党组）书记必须通盘考虑全面从严治党工作，这是党的建设新阶段，有别于过去的党建工作，必须把全新开局，把从严治党责任承担好、落实好，坚持党建工作和中心工作一起谋划、一起部署、一起考核，把每条战线、每个领域和每个环节的党建工作抓具体、抓深入。必须认真做到党委抓、书记抓、各有关部门抓，一级抓一级、层层抓落实，构建起全面从严治党的党建新格局。

三是建立与认真实施党建工作考核制度。各级各部门党委（党组）必须坚持从巩固党的执政地位的大局看问题，把抓好党建作为最大的政绩，建立起日益科学的党建考核制度。各级党委对各级各部门党组织负责人特别是党委（党组）书记的考核，首先要考核党建的实效，考核其他党员领导干部工作也要加大这方面的权重。

四是严肃责任追究。没有问责,责任就落实不下去。习近平总书记反复强调,有权必有责、有责要担当、失责必追究。2015年7月,中共中央正式印发了《中国共产党问责条例》。党中央紧紧抓住落实主体责任这个"牛鼻子",把问责作为从严治党利器,先后对一批在党的建设和党的事业中失职失责典型问题严肃问责,强化问责成为管党治党、治国理政的鲜明特色。2015年是全面从严治党开局之年,要突出问责,强化党风廉政建设主体责任、监督责任和领导责任。各级党委(党组)要切实把全面从严治党当作分内之事、应尽之责,进一步健全制度、细化责任、认真问责、严肃责任追究。要真管真严、敢管敢严、长管长严;认真落实从严治党责任,严肃责任追究。

二、以抓作风、解决人心向背问题为切入点

全面从严治党,必须以持之以恒纠正"四风",深入解决人民群众反映强烈的突出问题为切入点。

抓作风,坚决纠正"四风",其实质是密切党群关系,解决人心向背问题。党的作风是党的形象,是判断党的纯洁性和党群关系的"晴雨表"。执政党的党风,关系人心向背,关系执政党的生死存亡。党风问题是腐败的温床,腐败是党风问题的升级。二者之间是普及与提高的关系,就是党风问题普及基础上的提高和腐败提高指导下的普及

第一篇 党的建设已进入全面从严治党新阶段

相结合。我们党横下一条心纠正"四风",既是反腐败的治本之策,也是全面从严治党的基础工作。

在全面推进依法治国新的历史条件下持之以恒抓"四风",严肃党的纪律和严明国家法治规矩是基础。因此,必须常抓抓出习惯、抓出长效,在坚持中见常态,向制度建设要长效。必须加强纪律建设和法治建设,在纠正"四风"中抓出规矩。党章是全党必须遵循的总章程,是总规矩。党的纪律是刚性约束,政治纪律更是全党在政治方向、政治立场、政治言论、政治行动方面必须遵守的刚性约束。国家法律是党员、干部必须遵守的规矩。党的纪律和国家法律是成文的规矩,党在长期实践中形成的优良传统和工作惯例是不成文的党内规矩。在坚决纠正"四风"中抓出规矩与遵守规矩,是对党员、干部党性的重要考验,是对党员、干部对党忠诚度的重要检验。必须在坚决纠正"四风"过程中,抓出遵守政治纪律和政治规矩,抓出遵守组织纪律与组织人事规矩,抓出遵守经济纪律与市场经济规矩,抓出遵守群众工作纪律与群众工作规矩,抓出遵守廉政纪律与廉政规矩。各级党组织要把严守纪律、严明规矩放到重要位置来抓,努力在全党营造守纪律、讲规矩的氛围。各级党员领导干部特别是高级干部要牢固树立纪律和规矩意识,在守纪律、讲规矩上作表率。必须在纪律规矩建设中,强化执纪监督,把顶风违纪搞"四风"列为纪律审查的重点,各级党委要加强监督检查,对不守纪律的行为要严肃处理。

三、以认真推进反腐倡廉建设为着力点

全面从严治党，必须以坚决反腐败高压态势不放松与坚持反腐倡廉永远在路上、永葆党的纯洁性为着力点。

坚持反腐败无禁区、全覆盖、零容忍，是全面从严治党的重要标志。党在查处腐败问题上，必须坚持零容忍的态度不变、猛药去疴的决心不减、刮骨疗毒的勇气不泄、严厉惩处的尺度不松，发现一起查处一起，发现多少查处多少。把反腐利剑举起来，坚守阵地、巩固成果、深化拓展，努力减少腐败存量，坚决遏制腐败增量，科学构建政治生态，坚定不移推进党风廉政建设和反腐败斗争。要持续推动全面从严治党向基层延伸。对基层贪腐以及执法不公等问题，要认真纠正和严肃查处，维护群众切身利益，让群众更多感受到反腐倡廉的实际成果。

全面从严治党，以认真推进反腐倡廉建设为着力点，必须做好攻坚"党建关、权力关、金钱关、时代关"四关的工作。

思想建党、制度治权、法治管钱和引领时代，是全面从严治党和认真推进反腐倡廉建设要解决的四个基本问题。

认真攻坚"党建关"，就是要紧紧扭住思想建党和制度治党这两个基本环节，在树立共产主义远大理想，坚定中国特色社会主义信念，锻造全心全意为人民服务的道德情操，努力形成纪律法治规矩，提高推动改革、发展、法

治的综合能力等五个方面不断取得新进步。党风廉政建设和反腐败斗争要认真治理和解决的权力滥用和钱权交易问题，实际上是"权力"和"金钱"两个问题。既要用制度管住权力，更需要用法治管住"金钱"，二者缺一不可，必须齐头并进。因此，"权力关"和"金钱关"是我们党在执政中必须过的两关。认真攻坚"权力关"，必须紧紧围绕"把权力关进制度的笼子里"这一关键，认真抓好建章立制、立法立规工作。制度建设带有根本性、全局性和稳定性。深入推进党风廉政建设和反腐败斗争，必须在案件查处和坚决纠正"四风"中加强制度建设，提高制度的有效性、针对性和科学性。认真攻坚"金钱关"，就是紧紧围绕社会主义市场经济是法治经济这一基础，全面推进法治建设，努力"把金钱关进法治的笼子里"，实现有效预防和成功遏制钱权交易。

认真攻坚"时代关"，就是党要科学把握时代潮流，主动顺应时代潮流，勇于挺立时代潮头，建设一个始终走在时代前列的执政党。

综合解决这四个基本问题，必须坚持"破立"并举、立释废改同步。依据全面从严治党的每一步新实际，该建章立制、立法立规的及时跟进，过时的制度法规及时废除，需要修改修订的及时完成，需要向全党全社会解释法律党规的适时宣传解释，需要加强思想建党的也用制度和法治推进。

依据反腐倡廉的需要,要着重抓好四个方面的制度建设。一是要着力健全党内监督制度。健全党内监督制度要与不断完善和创新群众监督制度、舆论媒体监督制度、审计制度、法律监督制度、人大监督制度同步,着手构建科学而严密的法治监督体系。二是要着力健全选人用人管人制度,在选人用人管人三大环节上下功夫,寻求破解吏治腐败这一难题。三是要着力深化体制机制改革,全面推行权力清单制度,公开审批流程,强化内部流程控制,防止权力滥用。四是要着力完善国有企业监管制度。把加强党对国有企业的领导和加强对国企领导班子的监督同步。搞好对国企的巡视,加大审计监督力度,完善国有资产资源监管制度,强化对权力集中、资金密集、资源富集的部门和岗位的监管。

四、以深化纪检体制改革、充分发挥各级纪检监察机关的职能作用为推进器

全面从严治党,必须以深化纪检体制改革、充分发挥各级纪检监察机关的职能作用为推进器。

全面从严治党,各级纪检监察机关只有聚焦党风廉政建设和反腐败斗争这个中心任务,聚焦全面从严治党中的突出问题,强化监督执纪问责,深化转职能、转方式、转作风,才能更好履行党章赋予的职责,才能更好地推进全

第一篇 党的建设已进入全面从严治党新阶段

面从严治党。不断深化纪律检查体制改革、推动组织制度创新和大力加强纪检监察干部队伍建设，努力培养造就一支敢于担当、敢于监督、敢于负责的忠诚、干净的纪检监察队伍，是推进全面从严治党的组织保证。

依据党的十八届三中全会作出的深化党的建设制度改革的战略部署，在2014年开启纪检体制改革的基础上，要力争每年的纪检体制改革都有新的突破，每年的纪检监察干部队伍建设都有新进步，围绕"四个全面"的纵深展开与全面推进，聚焦突出问题，创新方式方法，深入开展专项巡视，提高频次、机动灵活，扩大巡视覆盖面和不断提高纪检监督问责的科学化水平。在2015年，特别要加大对国有企业的巡视力度，实现对中管国有重点骨干企业巡视全覆盖。

总之，在全面从严治党新阶段，只要我们用好"严肃认真"这一新的思想武器，抓好各方面党建工作，我们就一定能胜利完成创造建党百年辉煌的历史使命。

全面从严治党再添"利器"

7月1日，在庆祝中国共产党成立95周年大会上，习近平总书记发表重要讲话，其中强调，治国必先治党，治党务必从严。如果管党不力、治党不严，人民群众反映强烈的党内突出问题得不到解决，那我们党迟早会失去执政资格，不可避免被历史淘汰。管党治党，必须严字当头，把严的要求贯彻全过程，做到真管真严、敢管敢严、长管长严。

而就在几天前的6月28日，中共中央政治局召开会议，审议通过了《中国共产党问责条例》（以下简称《问责条例》）。

"中国优良传统文化中素有'行百年、半九十'的真知灼见，意在以坚韧、持久精神达到伟大目标。在中国共产党建党95周年前夕，中共中央政治局审议通过《问责条例》，这是一件大事，是对建党95周年的特殊纪念，也是一项献礼。"接受《瞭望》新闻周刊记者专访时，中共中央党校教授、资深党建专家叶笃初说,这既表明了全党对实现"两个一百年"奋斗目标充满信心,同时也是在敦促和呼吁全党,尤其是继往开来的"70 后"、"80 后"和"90 后",乃至"00 后"的代际继替的新几代党员干部,既要"好自为之",严格遵守党的规矩和纪律;更要"担当责任",做到在党忧党,为党尽职、为民尽责。

将"问责不贷"制度化

"'问责'是中国传统,也是党的优良作风之一。"叶笃初说,"既讲'问责不贷',那么使之制度化、细则化,就是顺理成章的事。"

党的十八大以来,《问责条例》的出台在中央的高度关注下稳步推进。

2013 年 11 月,《中央党内法规制定工作五年规划纲要(2013—2017 年)》中明确提出:"适时修订《关于实行党政领导干部问责的暂行规定》,进一步明确问责情形、规范问责方式。抓紧制定严格做好被问责干部工作安排的有关规定,严格被问责干部复出条件、程序和职务安排等,保证问责制度与党纪政纪处分、法律责任追究制度有效衔接。"

今年 1 月召开的十八届中央纪委六次全会的工作报告中,明确今年要制定党内问责条例,将问责作为全面从严治党的"重要抓手",让"失责必问"成为常态。习近平总书记在此次会议上提出，要整合问责制度，健全问责机制，坚持有责必问、问责必严，把监督检查、目标考核、责任追究有机结合起来，实现问责内容、对象、事项、主体、程序、方式的制度化、程序化。此外，他还强调，问责不能感情用事，不能有怜悯之心，要"较真"、"叫板"，发挥震慑效应。

今年6月，中央首次透露《问责条例》制定进展。中共中央政治局常委、中央纪委书记王岐山在京主持召开部分中央部委负责同志座谈会，并到辽宁省召开座谈会，就制定中国共产党问责条例征求意见。王岐山指出，制定问责条例就是要把利剑高悬起来，告诫和警示全党，党中央对问责是动真格的，党的领导干部不担当、不负责就要被追责。

受访专家认为，今年1月，《中国共产党廉洁自律准则》和《中国共产党纪律处分条例》正式实施，党员追求的高标准和管党治党的戒尺得到了明确。如今，《问责条例》审议通过，完善了党内法规制度体系，释放了有责必问、问责必严的强烈信号，既是全面从严治党不断深化的有力体现，也为各级党组织尤其是党员领导干部刻出了一条"担当底线"。

规格高、覆盖面广、权威性强

制定问责条例，是继2015年修订《中国共产党廉洁自律准则》《中国共产党纪律处分条例》后，中央就全面从严治党作出的又一重要部署。

值得关注的是,《问责条例》规格很高。叶笃初分析说,作为管党治党的重器,中国共产党的党内法规制度体系,包括党章、准则、条例、规则、规定、办法、细则7种类型。条例是仅次于党章和准则的上位法规,指导性强、约束力大。

受访专家指出,《问责条例》应当看作是2009年印发的《关于实行党政领导干部问责的暂行规定》的修订升级版,体现了党的十八大以来从严治党的新理念、新思路。

不仅规格上升,在受访专家看来,从《关于实行党政领导干部问责的暂行规定》到《问责条例》,覆盖面也更加广泛。"之所以命名为《中国共产党问责条例》,即意味着问责对象的范围将覆盖各级党组织和全体党员。"庄德水说。

受访专家还指出,审议通过的《问责条例》,把过去散见于不同问责规定当中的制度统一到一部党规中,提升了问责制度的权威性。

习近平总书记在十八届中央纪委六次全会上明确指出,当前的一个问题是,抓安全事故等行政问责多、抓管党治党不力问责少,问责规定零散、内容不聚焦。

有研究统计,现行的党内法规和规范性文件中,与问责相关的多达上百部。国家行政学院法学部副主任杨小军认为,尽管这些规定都各有侧重,但问责规定零散、内容不聚焦的问题明显。"此次审议通过的《问责条例》可有效解决问责碎片化等问题。"

叶笃初总结说:"党内法规制度建设,忌大而空。从《中国共产党廉洁自律准则》《中国共产党纪律处分条例》,再到刚刚审议通过的《问责条例》,都体现出了从细微处入手的思路。从细微处着手,使之有利于落实,这是十八大以来的党内法规制度建设的一大进步、一大成功。"

用问责唤起担当意识

王岐山就制定中国共产党问责条例征求意见时已经明确指出,党的领导弱化、党的建设缺失、全面从严治党不力,党的观念淡薄、组织涣散、纪律松弛,根本原因在于有的党组织和领导干部管党治党不严、责任担当缺失,搞好人主义、一团和气。

经过认真部署和广泛征求意见后,党中央选择在此时推出问责条例这一"全面从严治党的利器",目的清晰而明确——就是要督促各级党组织尤其是党员领导干部要担当责任,做到在党忧党,为党尽职、为民尽责。

"党要管党,从严治党,关键是各级党组织和党员领导干部得担当起党的建设和党的事业发展的历史责任。没有责任担当,就是最大的失职懈怠,就是对党的建设和党的事业不负责的表现。"杨小军说。

受访专家分析说,6月28日的中央政治局会议已经透

第一篇　党的建设已进入全面从严治党新阶段

露出一系列关键信息。

会议指出，条例贯彻党章，坚持问题导向，紧紧围绕坚持党的领导、加强党的建设、全面从严治党、维护党的纪律、推进党风廉政建设和反腐败工作开展问责。

受访专家认为，明确开展问责的范围，直接剑指的就是为官不为、为官乱为的不良之风。

受访专家指出，在当前的反腐败高压态势下，一些党员干部的责任意识停留在"不求有功、但求无过"的阶段，甚至出现懒政惰政、为官不为现象。还有一些党员干部，权力加身，却不知为民谋利、为党负责，甚至滥权以行、亵渎职责。《问责条例》就是要求党员领导干部不仅要守纪律讲规矩，还要有作为。既不能做有作为的贪官，也不能做廉洁的庸官。

此次中共中央政治局会议还明确，对于失职失责造成严重后果、人民群众反映强烈、损害党执政的政治基础的都要严肃追究责任，既追究主体责任、监督责任，又追究领导责任。

"此前的一些'问责'，有时'板子'只打在当事人身上，而没打到负有领导责任的人身上，使得问责力度不够。"北京大学廉政建设研究中心副主任庄德水说，如果对于作出错误决策的党组织和党员领导干部碍于面子、迫于压力，少问责或不问责，甚至可能使之前取得的反腐成果"得而复失"。

中共中央政治局会议还指出,要把责任压给各级党组织,分解到组织、宣传、统战、政法等党的工作部门,释放有责必问、问责必严的强烈信号。庄德水说:"这其中包含一纵一横的思路,纵向要把责任压给各级党组织,横向则分解到党的各个工作部门。总而言之,就是要落实到位,形成比较完善的问责体系。"

"问责本身也是教育形式。"杨小军说,通过科学合理的问责制度,各级党组织和党员领导干部应承担起全面从严治党的责任,推动管党治党从宽松软走向严紧硬。且应做到积极作为,用担当的行动诠释对党的忠诚。

(原载:《瞭望》2016年7月4日,作者:屈辰)

坚持全面从严治党依规治党

中国共产党第十八届中央纪律检查委员会第六次全体会议，于2016年1月12日至14日在北京举行。出席这次全会的中央纪委委员124人，列席226人。

中共中央总书记、国家主席、中央军委主席习近平出席全会并发表重要讲话。李克强、张德江、俞正声、刘云山、王岐山、张高丽等党和国家领导人出席会议。

全会由中央纪律检查委员会常务委员会主持。全会总结2015年纪律检查工作，部署2016年任务，审议通过了王岐山同志代表中央纪委常委会所作的《全面从严治党，把纪律挺在前面，忠诚履行党章赋予的神圣职责》工作报告。

全会认真学习、深刻领会习近平总书记重要讲话。一致认为，讲话站在时代发展和战略全局高度，充分肯定深入推进党风廉政建设和反腐败斗争取得的新成效，深刻分析依然严峻复杂的形势，明确提出当前和今后一个时期工作的总体要求和主要任务。讲话指出，党的十八大以来，我们党着眼于新的形势任务，把全面从严治党纳入"四个全面"战略布局，把党风廉政建设和反腐败斗争作为全面从严治党的重要内容，着力构建不敢腐、不能腐、不想腐的体制机制。反腐败增强了人民群众对党的信任和支持，人民群众给予高度评价。讲话强调，"打铁还需自身硬"是我们党的庄严承诺，全面从严治党是我们党立下的军令状。党中央坚定不移反对腐败的决心没有变，坚决遏制腐败现象蔓延势头的目标没有变。全党同志对党中央在反腐败斗争上的决心要有足够自信，对反腐败斗争取得的成绩要有足够自信，对反腐败斗争带来的正能量要有足够自信，对反腐败斗争的光明前景要有足够自信。要坚持全面从严治党、依规治党，创新体制机制、强化党内监督。持之以恒落实中央八项规定精神，推动党风民风向善向上。坚持标本兼治，净化政治生态，坚决遏制腐败现象滋生蔓延势头。各级党组织要担负起全面从严治党主体责任，把纪律建设摆在更加突出位置，坚持高标准和守底线相结合，使管党治党真正从宽松软走向严紧硬。积极探索强化党内监督的有效途径，坚持民主集中制，完善监督制度，让巡视成为党内监督的利器，用好批评和自我批评武器，破解一把手监督难题。习近平总书记对纪检监察工作给予充分肯定，对纪检监察干部寄予殷切期望，要求各级纪委在全面从严治党中找准职责定位，强化监督执纪问责。学习宣传、

第一篇　党的建设已进入全面从严治党新阶段

贯彻落实习近平总书记重要讲话精神是全党的重要政治任务。要与学习贯彻习近平总书记系列重要讲话精神结合起来，密切联系思想和工作实际，全面系统地领会，精读深悟、融汇贯通，内化于心、外化于行。

全会认为，2015年，以习近平同志为总书记的党中央以强烈的历史责任感、深沉的使命忧患感，深入推进党风廉政建设和反腐败斗争，旗帜鲜明、立场坚定、意志品质顽强、领导坚强有力；各级党组织和党员领导干部落实管党治党的政治责任；广大干部群众大力支持、积极参与；各级纪检监察机关强化监督执纪问责，推动党风廉政建设和反腐败斗争取得新进展新成效。党中央严肃查处周永康、令计划违纪违法案件，消除了党内重大政治隐患，彰显了全面从严治党的坚定决心。把严明政治纪律和政治规矩摆在首位，坚决查处政治问题与经济问题相互渗透，拉帮结派、搞利益交换，对抗组织、欺瞒组织等问题。坚持依规治党，扎紧制度笼子，修订实施廉洁自律准则、党纪处分条例、巡视工作条例，为全面从严治党提供制度利器。锲而不舍落实中央八项规定精神，扭住"四风"不放，抓住重要节点，紧盯享乐奢靡，言出纪随、从严执纪，点名道姓、公开曝光成为常态。牢牢抓住主体责任这个"牛鼻子"，强化日常管理监督，抓早抓小、动辄则咎，以问责倒逼责任落实。全面开展专项巡视，实现对中管国有重要骨干企业和中管金融单位全覆盖，发现问题、形成震慑，倒逼改革、促进发展。创新体制、内涵发展，中央纪委共设立47家派驻纪检组，实现对中央一级党和国家机关全面派驻。围绕遏制腐败蔓延势头的目标，处理好"树木"与"森林"的关系，把握政策、突出重点，加大执纪审查力度，保持高压态势，强化不敢腐的氛围。国际追逃追赃工作取得重要成果。纪检机关深化转职能、转方式、转作风，加强自我监督，提高履职能力，建设忠诚干净担当的纪检监察队伍。在肯定成绩的同时，全会分析了工作中存在的问题，要求保持冷静清醒、坚定信心决心。

全会指出，党的十八大以来，中央纪委在工作实践中深入贯彻习近平总书记系列重要讲话精神，边学习思考、边实践感悟，有以下深切体会。

一是尊崇党章，坚持以德治党与依规治党相统一。党章是全党必须遵循的根本行为规范。全面从严治党，首先要学习党章、遵守党章，关键在坚定对马克思主义的信仰、对中国特色社会主义和共产主义的信念、对党和人民的忠诚。党性教育是共产党人的"心学"，是党员正心修身的必修课。党要管党、从严治党，必须坚持高标准在前，以德为先，既发挥道德感召力，又强化纪律约束力。广大党员向着高标准努力，心存敬畏和戒惧，就能坚守纪律，永葆党的先进性和纯洁性。

二是实现"四个全面"战略布局，必须坚持党的领导、加强党的建设。要准确把握坚持党的领导、加强党的建设、

第一篇　党的建设已进入全面从严治党新阶段

全面从严治党、推进党风廉政建设和反腐败斗争之间的关系，明确内涵、厘清责任。全面从严治党是党的建设的重要组成部分，但不是全部；党风廉政建设和反腐败斗争是全面从严治党的重要组成部分，但也不是全部。全面从严治党，要靠全党、管全党、治全党。各级党组织要切实担负起主体责任，发挥领导核心和战斗堡垒作用；纪委要坚守监督执纪问责的定位，全面履行党章赋予的职责。

　　三是党纪严于国法，必须让纪律成为管党治党的尺子、不可逾越的底线。在全面依法治国条件下，管党治党要靠党规党纪，坚持纪严于法、纪在法前，实现纪法分开，用严明的纪律管住全体党员。各级党组织要以纪律为戒尺，发现苗头就及时提醒，触犯纪律就立即处理。纪委决不能成为党内的"公检法"，执纪审查决不能成为"司法调查"，要依纪监督、从严执纪，真正把纪律立起来、严起来，执行到位。

　　四是监督执纪问责，必须坚持惩前毖后、治病救人的方针。纪委的职责定位、方式创新、作风转变，都必须充分体现这个一贯方针。全面从严治党，要运用监督执纪"四种形态"：让咬耳朵、扯袖子，红红脸、出出汗成为常态，党纪轻处分、组织调整成为大多数，重处分、重大职务调整的是少数，而严重违纪涉嫌违法立案审查的只是极少数。严管就是厚爱，治病为了救人。实践"四种形态"，纪委的责任不是轻了、而是更重了，执纪的力度不是小了、而是更大了，要提高思想政治水准和把握政策能力，实现惩处极少数、教育大多数的政治效果和社会效果。

五是党风廉政建设和反腐败斗争永远在路上，只有进行时。全面从严治党、推进党风廉政建设和反腐败斗争，厚植了党执政的政治基础，坚定了人民群众对党的信心和信任。党中央对党风廉政建设和反腐败斗争形势依然严峻复杂的判断没有变，旗帜立场不会变，我们的目标任务不能变。要运用辩证唯物主义和历史唯物主义的世界观和方法论驾驭现实，用历史、哲学和文化的思考支撑信心，踩着不变的步伐，不刮风、不搞运动，以顽强的毅力和不屈的韧劲，把党风廉政建设和反腐败斗争引向深入。

全会提出，党的十八届五中全会规划了我国未来五年的发展蓝图，强调贯彻创新、协调、绿色、开放、共享的发展理念。纪律检查机关要把"五大发展理念"同自身的工作联系起来，确保五中全会精神落到实处。2016年工作总体要求是：全面贯彻党的十八大和十八届三中、四中、五中全会精神，深入贯彻习近平总书记系列重要讲话精神，协调推进"四个全面"战略布局，保持坚强政治定力，坚持全面从严治党，依规治党，忠诚履行党章赋予的职责，聚焦监督执纪问责，深化标本兼治，创新体制机制，健全法规制度，强化党内监督，把纪律挺在前面，持之以恒落实中央八项规定精神，着力解决群众身边的不正之风和腐败问题，坚决遏制腐败蔓延势头，建设忠诚干净担当的纪

第一篇　党的建设已进入全面从严治党新阶段

检监察队伍，不断取得党风廉政建设和反腐败斗争新成效。

第一，严明党的纪律，完善监督制度。政治纪律在党的纪律中永远排在第一位。要加强对政治纪律执行情况的监督检查，保证党的路线方针政策贯彻落实，坚决维护党的团结统一。贯彻执行廉洁自律准则和党纪处分条例，要以眼里不揉沙子的认真劲儿，敢于担当、敢于较真、敢于斗争。探索党长期执政条件下强化党内监督的有效途径，修订党内监督条例，研究修改行政监察法，使党内监督和国家监察相互配套、相互促进。

第二，深化体制机制改革，夯实管党治党责任。要巩固和深化省区市、中央和国家机关部委、国有企业以及地市一级党组织落实全面从严治党主体责任成果。党的责任重如泰山。动员千遍，不如问责一次。要制定党内问责条例，把问责作为从严治党的重要抓手，让失责必问成为常态。强化派驻监督，发挥"派"的权威和"驻"的优势，推进省区市纪委实现全面派驻。

第三，落实巡视工作条例，向全覆盖目标迈进。实现对中央和国家机关巡视全覆盖，内容要更加聚焦，方式要不断创新，作风尤须务实。坚决贯彻中央巡视工作方针，以纪律为尺子，深化专项巡视，紧盯重点人、重点事和重点问题，机动灵活，精准发现，定点突破。派出巡视组的党组织要加强组织领导，听取每轮巡视汇报，提出明确整改要求；巡视组反馈意见要把问题讲透、要害点明；被巡视党组织要不折不扣落实整改主体责任,做到件件有着落、事事有交代,整改情况公开发布、接受监督;纪委和有关部门党组织对移交的问题要依规依纪处置。

第四,在坚持中深化、在深化中坚持,让中央八项规定精神落地生根。紧盯年节假期、一个节点一个节点坚守,坚持以上率下、看住"关键少数"。对不收手、不知止,规避组织监督,出入私人会所,组织隐秘聚会的一律从严查处,对参加聚会的要找本人谈话,令其在民主生活会上作出深刻检查。对在执纪审查中发现的"四风"问题线索,要深挖细查、决不放过,越往后执纪越严。畅通监督渠道,激发群众监督正能量。大力弘扬中华民族优秀传统文化,推动社会风气持续好转。

第五,力度不减、节奏不变,持续保持遏制腐败的高压态势。坚决减存量、遏增量,确保实现不敢腐的目标,强化不能腐、不想腐。突出惩治重点,把党的十八大后不收敛、不收手,问题严重、群众反映强烈,现在重要岗位可能还要提拔使用这三类情况同时具备的,作为重中之重。实践"四种形态",及时分类处置,一般性问题要与本人见面,谈话提醒、函询核实,让党员干部相信组织、忠诚组织,把问题主动向组织讲清楚。执纪监督要用党纪尺子衡量,用纪律语言描述,体现政治水平、思想水平。加强反腐败国际交流合作,不断加大国际追逃追赃力度。

第六,坚决整治和查处侵害群众利益的不正之风和腐败问题,切实加强基层党风廉政建设。重点查处强占掠夺、吃拿卡要、贪污挪用等突出问题,严肃查处扶贫领域虚报冒领、截留私分、挥霍浪费行为,为打赢脱贫攻坚战提供有力保障。

第七,建设忠诚干净担当的纪检监察队伍。聚焦中心任务,创新工作方式,改变工作作风,夯实基础工作。配合做好地方领导班子换届工作,加强监督检查,协助党委把好选人用人的廉洁关,把德才兼备、敢于担当的干部选拔进纪委领导班子。发挥干部监督机构作用,对执纪违纪、以案谋私的乱作为,要发现一起、查处一起;对不作为、不善为的,要批评教育、组织调整,造成严重后果的要给予纪律处分,以更高的标准、铁的纪律,建设一支忠诚于党、让人民放心的纪检监察队伍。

全会号召,要更加紧密团结在以习近平同志为总书记的党中央周围,求真务实、真抓实干,不负重托、不辱使命,不断开创党风廉政建设和反腐败斗争新局面,为夺取全面建成小康社会新胜利作出新的更大贡献。

(新华社北京 2016 年 1 月 14 日电)

第二篇

"关键少数"的重要作用

习近平眼中的"关键少数"有什么特殊含义

为政之要,唯在得人;治国理政,关键在人。十八大以来,习近平总书记在系列讲话中多次强调要抓住"关键少数"。习近平眼中的"关键少数"都是谁?"关键少数"如何发挥"关键作用"?

2015年2月2日,习近平在省部级主要领导干部学习贯彻十八届四中全会精神全面推进依法治国专题研讨班开班式上发表重要讲话指出,全面依法治国必须抓住领导干部这个"关键少数"。

为政之要,唯在得人;治国理政,关键在人。历史和现实告诉我们:解决中国的问题,关键在党;解决党自身的问题,关键在党的各级领导干部。

对中央政治局,习近平郑重提出,政治局的同志要做政治上的明白人。

对省部级干部，习近平语重心长，要守住底线，层层负责、人人担当。

对县委书记，习近平谆谆教诲，带头清清白白做人、干干净净做事、堂堂正正做官。

反复叮嘱、时刻"提醒"，习近平期之殷殷，言之切切。

中央政治局："关键少数"中的"关键少数"

中央政治局担负着把握中国特色社会主义事业航船方向、统筹协调党和国家重大决策部署、组织应对国内外重大矛盾风险的重要职责，是"关键少数"中的"关键少数"。

2015年12月28日至29日，中共中央政治局连开两天专题民主生活会，习近平发表重要讲话，政治局同志逐个发言。

习近平强调，中央政治局的同志必须有很强的看齐意识，经常、主动向党中央看齐，向党的理论和路线方针政策看齐。

做政治上的明白人，政治能力要强，思想定力、战略定力、道德定力要特别过硬，经得起大风大浪考验。

"一个党员的党性，不是随着党龄增长和职务提升而自然提高的，不加强修养和锤炼，党性不仅不会提高，反而会降低，甚至可能完全丧失。"

从出台"八项规定"，重拳整治"四风"，到践行"三严三实",中央政治局坚持从自身抓起、以身作则,率先垂范。

在河北阜平,习近平住16平米房间,跟工作人员一起吃家常菜;在北京庆丰包子铺,习近平自己买单、端盘子、取包子;在内蒙古零下30多摄氏度的严寒下,习近平和普通官兵一样头戴栽绒皮帽、身穿迷彩防寒服,在边防哨所站岗。

……

外出考察轻车简从、身体力行的风格和严格执行中央八项规定的态度,令人耳目一新,赢得了全党全社会的"点赞",也给各级党员干部,特别是高级领导干部做出了表率。

"教者,效也,上为之,下效之"。领导带头就是鲜明的旗帜,上级垂范就是无声的命令。中央政治局率先开好头,各级领导干部主动向中央看齐,层层立标杆、作示范,形成强大的引领力量。

省部级干部:"承上启下"的"关键少数"

2016新年伊始,一个高级别研讨班在中共最高培训学府中央党校开课。学员是"省部级主要领导干部",为学员们讲第一课的就是习近平。

从新常态到中国经济基本面,从深刻阐释五大发展理念内涵到详解供给侧改革,新年第一课上,习近平高瞻远瞩,深入浅出。

"深入学习领会党的十八届五中全会精神,特别是要深入学习领会创新、协调、绿色、开放、共享的新发展理念,推动'十三五'时期我国经济社会持续健康发展,确保如期实现全面建成小康社会奋斗目标。"

理念是行动的先导,理念践行不仅要说在嘴上、写在纸上、讲在会上,更需脚踏实地、雷厉风行。

"新发展理念要落地生根、变成普遍实践,关键在各级领导干部的认识和行动。"习近平总书记抓住落实新发展理念的要害,对领导干部提出要求、明确责任。

省部级干部在中国政治生态中处于承上启下的特殊地位:相对中央来说,是路线方针政策的贯彻执行者;相对市县乡来说,又常常是部委和省区市重大事务的决策者。积极响应中央决策部署,结合实际,把责任扛在肩上,把任务抓在手上,积极推动行业和地方改革发展,省部级干部责无旁贷。

贯彻落实新发展理念,省部级干部一方面对新发展理念要学懂、学透,"知之愈明,则行之愈笃;行之愈笃,则知之益明"。另一方面,应对"本领恐慌",要不断提升专业素养,成为管理经济社会的行家里手、践行新发展理念的开路先锋。

对于这个"关键少数",习近平总书记提出明确要求:"要深学笃用"、"要用好辩证法"、"要创新手段"、"要守住底线"……

县委书记:"少数的关键"

从"心中装着全体人民、唯独没有他自己"的焦裕禄,到"在任时不追求轰轰烈烈的'显绩'、而默默无闻奉献"的谷文昌……一代代优秀县委书记的代表,不断为全党树立标高。

早在1990年,时任福州市委书记的习近平就写下了《念奴娇·追思焦裕禄》:"魂飞万里,盼归来,此水此山此地。百姓谁不爱好官?把泪焦桐成雨。生也沙丘,死也沙丘,父老生死系。暮雪朝霜,毋改英雄意气!依然月明如昔,思君夜夜,肝胆长如洗。路漫漫其修远矣,两袖清风来去。为官一任,造福一方,遂了平生意。绿我涓滴,会它千顷澄碧。"

习近平说,这首词直抒了我的胸臆。

领导干部是"关键少数",县委书记则是"少数的关键"。

习近平说,如果把国家喻为一张网,全国三千多个县就像这张网上的纽结。"纽结"松动,国家政局就会发生动荡;"纽结"牢靠,国家政局就稳定。

"县委是我们党执政兴国的'一线指挥部',县委书记就是'一线总指挥',是我们党在县域治国理政的重要骨干力量。"习近平语重心长。

如何才能做一名合格的县委书记?

2015年1月12日,习近平总书记在同县委书记研修班学员座谈时,给县委书记提出了"四有"要求:"心中有党""心中有民""心中有责""心中有戒"。

时隔半年,习近平与县委书记群体第二次直接对话。在重申"四有"要求的基础上,习近平为成为"四有"县委书记指明了"路径",那就是要做四种人:"政治的明白人"、"发展的开路人"、"群众的贴心人"、"班子的带头人"。

这不仅是习近平对县委书记们的期待,更是一个"老县委书记"对新一代县委书记群体的真诚期许和督促鞭策。

"关键少数"要发挥"关键作用"

革命战争时期,中国共产党在饱受列强欺辱的中华大地上,为争取民族独立和人民解放不懈奋斗。

社会主义建设时期,中国共产党与人民心心相印、与人民同甘共苦,为共和国建功立业。

改革开放新时期,特别是党的十八大以来,以习近平同志为总书记的新一届中央领导集体,正带领全国各族人民,为实现"两个一百年"奋斗目标和中华民族伟大复兴的中国梦阔步前行。

中国共产党是一个拥有8700多万党员的执政党,每个党员都是党的肌体中的一个细胞和一分子,而党员领导干部特别是领导干部中的"关键少数",直接关系到整个肌体的健康、活力和生命。面对错综复杂的国内外形势,面对难得的发展机遇期,各级领导干部特别是领导干部中的"关键少数",要时刻牢记习近平总书记的叮嘱和期待,积极作为、敢于担当,更好带领群众干事创业,真正发挥"关键作用"。

(原载:新华网 2016 年 5 月 6 日)

要突出领导干部这个关键

党的十八届六中全会聚焦全面从严治党主题,集中严肃党内政治生活和加强党内监督两个方面,有助于更好地进行具有许多新的历史特点的伟大斗争,推进党的建设新的伟大工程,推进中国特色社会主义伟大事业。各级领导干部特别是高级干部作为"关键少数",发挥好表率作用至关重要。

全面从严治党题义中的"关键少数"

党的全部实践中,干部问题始终居于重要位置。十八届六中全会审议通过的《关于新形势下党内政治生活的若干准则》《中国共产党党内监督条例》,都将重点放在领导干部特别是高级干部,充分体现了习近平总书记"要突

第二篇 "关键少数"的重要作用

出领导干部这个关键"的重要思想。

十八大以来，习近平总书记在系列讲话中多次强调要抓住"关键少数"。"少数"是指领导干部在8800万党员中的数量，"关键"意指领导干部是党和人民事业的关键。"关键少数"旨在强调作用意义上的关键，而不是在数量意义上的少数。

中国共产党不断发展壮大的经验证明，干部队伍建设历来是数量与质量的统一。无论是领导中国革命和建设，还是领导改革开放，都必须有成千上万的干部形成一支中坚力量的队伍，没有一定规模的干部队伍，党的事业顺利发展就难以保证。然而，干部队伍建设的根本不是数量多，而是质量优。正确的路线确定之后，干部就是决定的因素。习近平总书记用"关键少数"这个概念揭示领导干部的作用，既是对马克思主义干部队伍建设思想的继承，又是新形势下要求领导干部勇于担当的指向。

加强党的思想建设、组织建设、作风建设、反腐倡廉建设和制度建设，是全党共同的任务，每一个党员都不能缺席，而领导干部肩负着更为繁重、更为艰巨的责任担当。

首先，领导干部是党的建设实践的第一个抓手，全面从严治党首先要管住干部、治好干部。习近平总书记指出："从严治党，关键是要抓住领导干部这个'关键少数'"，"从严治党，关键是从严治吏"。管住干部、治好干部的目的绝不是查究惩治干部，而是打造一支思想过得硬、作风过得硬、纪律过得硬的高素质干部队伍。

其次，党组织书记是党建工作第一责任人，领导干部负有加强党的建设的责任，领导干部勇于担当首先要体现在全面从严治党上。党建工作不力，是领导干部政治不合格的表现，管党治党失之于宽松软，实际上就是抓党建工作的失职，在全面从严治党中对"关键少数"不管到位、不严到份，党的建设必然懒懒散散、松松垮垮。

再者，领导干部是党的建设的导向标。邓小平指出："党是整个社会的表率，党的各级领导同志又是全党的表率。"经验告诉我们，党的建设中出现这样那样的问题，虽然有各方面的原因，但都与领导干部带头有关。上行下效，层层传导，领导干部的思想歪斜了，党员的理想信念难免动摇；领导干部作风出问题了，党员的工作态度难免疲沓；领导干部把党纪党规破坏了，党员的纪律观念难免淡薄。

总之，共产党员先锋模范作用体现在领导干部身上就是垂范表率。以什么样的担当作为带动党员，以什么样的人格力量感染群众，以什么样的执政绩效呈现社会，是"关键少数"应当时时刻刻摆在头脑里的问题。

抓好"关键少数"是凝聚民心的基础

我们党来自人民、植根人民、服务人民，党的根基在人民、血脉在人民、力量在人民。人民拥护和支持是党执政最牢固的根基，人心向背关系党的生死存亡，民心是最大的政治。如何凝聚民心，是党加强自身建设的重要工程。

党的领导干部是凝聚民心的关键。长期实践中，我们党涌现出像焦裕禄那样的一大批深受人民群众爱戴的优秀干部，他们心中装着人民，一生奉献于党的事业。正是因为有了这样一支优秀的领导干部队伍带领全体党员团结奋斗，才使得我们党在中国革命、建设和改革的发展历程上，赢得了民心，又在广大人民群众的拥护和支持下取得一个又一个伟大胜利。

从总体看，我们党的领导干部基本面是好的，主流积极向上。但也必须看到，在国内外形势发展和社会环境变化中，由于受各种因素的影响，一些领导干部理想信念动摇，组织宗旨淡薄，党纪党规松懈，思想蜕化变质，共产党人的政治本色荡然无存，成为损害党的声誉、败坏党执政形象的劣质分子。现实中，腐败现象、结帮现象、官僚现象、懒政现象确实存在于党的少数领导干部中，这些现象以不同的表现污染着党内政治生活。

必须清醒地认识到，尽管蜕化变质的领导干部是"关键少数"中的少数，但对党产生的腐蚀作用不可小觑；尽管官僚习气、懒政不作为似乎不至于发生亡党的结果，但对党的事业的危害性不容忽视。近年来党中央在分析党的建设现状时，对领导干部存在的这些问题有很多揭示；社会舆情也表明，一些领导干部言行举止表现出的不正不实不廉作风，已经成为人民群众反映强烈的突出问题。不认真有效地解决好这个问题，民心就会散失，执政基础就会动摇。

领导干部作为"关键少数"，在党的建设中扮演着特殊角色。他们是党的各级组织的核心，手中掌握着大大小小的权力，领导和决策都关系到群众的实际利益，他们的一言一行都会在群众中产生影响，这就决定了领导干部在党凝聚民心的过程中起着决定性的作用。全面从严治党只有抓住"关键少数"，才能以奋发向上的正能量凝聚人心，才能团结广大人民群众为实现全面建成小康社会、实现中华民族伟大复兴的目标努力奋斗。

"关键少数"必须发挥好表率作用

"关键少数"要发挥好表率作用，首先要当人民群众满意和欢迎的好干部。党在各个历史时期提出的干部标准和要求不同，但共性都体现着实现好、维护好、发展好人民利益的要求。一个领导干部好不好，需要党组织来考核，更需要人民来评判。十八大以来，党中央对干部标准提出了一系列具有时代特点的新要求。党章规定了党员领导干部必须具备马克思主义理论水平、坚定理想信念、革命事业心和责任感、坚持党的思想路线、正确行使权力、坚持和维护民主集中制等六项基本条件；习近平总书记提出"三严三实"要求;《关于新形势下党内政治生活的若干准则》提出"信念坚定、为民服务、勤政务实、敢于担当、清正廉洁"的好干部标准。"关键少数"只有在这些标准上当全党表率,才是人民群众满意和欢迎的好干部。

"关键少数"要发挥好表率作用,必须树立带头意识。习近平总书记要求领导干部"强化带头意识,时时处处严要求、作表率",指出"带头人关键是'带头'二字"。领导干部必须带头讲党性、重品行、作表率;必须带头抓班子带队伍,带头依法办事,带头廉洁自律,带头接受党和人民监督,带头清清白白做人、干干净净做事、堂堂正正做官,真正做到事事带头、时时带头、处处带头;必须带头遵守党章各项规定,凡是党章规定党员不能做的,领导干部要带头不做;必须带头严明党纪党规,带头遵守法律。全面从严治党的所有要求,"关键少数"若不能起到垂范表率作用,就不是合格的领导干部。

"关键少数"要发挥好表率作用,应当成为加强和规范党内政治生活的杰出模范者。加强和规范党内政治生活,净化党内政治生态,"关键少数"肩负义不容辞的责任。事实表明,近年来党内政治生活不正常不健康,党内政治生态遭污染遭破坏,与一些领导干部作风不正不实不廉有着重要的关系。一个单位领导干部不能以身作则、垂范表率,这个单位的党内政治生活就不可能健康。"关键少数"必须本着对严肃党内政治生活负责的态度,成为激浊扬清、坚决贯彻执行党内政治生活准则的模范。

"关键少数"要发挥好表率作用，应当成为加强党内监督的坚定执行者。"关键少数"履行党内监督的责任，必须坚持责任主体和对象客体相统一。首先，领导干部是加强党内监督的责任主体，必须成为加强党内监督的有力领导者。其次，领导干部是接受党内监督的对象客体。正人先正己，监督别人首先从自己接受监督做起，"关键少数"必须自觉地把自己置于监督之下，成为加强党内监督的坚决执行者。

（原载：《安徽日报》2017年2月6日，作者：齐卫平）

关键在于抓住"关键少数"

党的十八届六中全会强调，新形势下加强和规范党内政治生活，重点是各级领导机关和领导干部。习近平总书记在《关于新形势下党内政治生活的若干准则》和《中国共产党党内监督条例》的说明中，突出强调了党内政治生活要以领导干部特别是高级干部为重点的问题。这充分说明了领导干部这个"关键少数"的重要性，体现了以习近平同志为核心的党中央对"关键少数"的高度重视。

在中国政治体制运行中，领导干部扮演着非常重要的角色，既是执政兴国的各级骨干，在各个领域中发挥领导作用，也是党的工作的组织实施者，在部队则是部队建设的中坚力量，在管好班子、带好队伍、推进党的事业发展方面起着关键作用。我们党历来高度重视干部队伍建设，毛泽东曾指出，政治路线确定之后，干部就是决定的因素。

抓住"关键少数" 深化全面从严治党

新形势下,以习近平同志为核心的党中央推进全面从严治党,加强和规范党内政治生活,干部队伍仍然是决定因素,领导干部作为干部队伍中的"关键少数",作用更加举足轻重。

领导干部的政治影响力、道德表率作用和作风辐射作用,决定了他们在党内政治生活中是关键因素。他们通过贯彻执行党的路线方针政策、强化关键时刻的政治导向、树立自身良好的政治形象等方式,能够对普通党员和人民群众产生重要影响,能够教育、感染、凝聚大家以饱满的政治热情,投身到实现中国梦强军梦的伟大事业中去。他们通过发扬党的优良传统和作风,在党内政治生活中率先垂范、以身作则、从我做起,模范遵守党章党规,严守党的政治纪律和政治规矩,对普通党员和广大群众具有引领示范作用,有利于加强和规范党内政治生活。

一些领导干部出现问题后带来的极大危害,则从反面证明了在加强和规范党内政治生活中"关键少数"的关键作用。随着执政环境和执政条件的变化,有的领导干部党的意识淡化了、宗旨意识淡忘了、组织观念淡薄了、组织生活随意了,成为了具有负面影响的特殊党员、特权党员。干部队伍中极少数人经受不住外部诱惑,思想蜕变、心理失衡、行为失范,陷入腐败泥潭。随着信息化社会的发展,一些腐败案件很快成为世人皆知的公共事件,周永康、薄熙来、郭伯雄、徐才厚、令计划等人的违法乱纪行为,给党造成的损害是巨大的,教训是深刻的。这也从一个侧面告诉我们,加强和规范党内政治生活,推进全面从严治党,要把领导干部作为"关键少数"突出出来。

党内政治生活是党组织教育管理党员和党员进行党性锻炼的主要平台,与每个党组织、每个党员都密切相关。在党内政治生活中突出"关键少数",就是要发挥领导干部的表率作用,把标杆立起来、把"范儿"亮出来,一级做给一级看、一级带着一级干,营造一种风气、提倡一种追求、引导一种方向,形成上行下效的正向效应,带动广大党员群众,凝聚起全面从严治党的强大正能量。领导干部带头加强和规范党内政治生活,必须增强思想自觉,坚定理想信念,坚决执行党的基本路线,坚决维护党中央权威;必须增强纪律自觉,遵守政治纪律、组织纪律和人事纪律;必须增强组织自觉,强化党的意识,严格组织生活制度,积极开展批评和自我批评,自觉接受党内监督,树立"关键少数"良好的政治形象,为全面从严治党凝聚起强大的正能量。

(原载:《解放军报》2016年12月13日,作者:章德峰)

发挥"关键少数"的"关键作用"

党的十八届六中全会提出,加强和规范党内政治生活、加强党内监督,重点是党的领导机关和领导干部特别是主要领导干部。党中央专门举办省部级主要领导干部学习贯彻十八届六中全会精神专题研讨班,就是要通过引导省部级主要领导干部把全会精神理解深、理解透,把《准则》《条例》各项规定把握精、把握准,以省部级主要领导干部思想到位、行动对标带动全党贯彻落实。这对以"关键少数"带动"绝大多数",贯彻好党的十八届六中全会精神,具有重大而深远的意义。

习近平总书记指出,加强党的建设必须抓好领导干部特别是高级干部,把这部分人抓好了,能够在全党作出表率,很多事情就好办了。总书记的话,道出了我们党治国理政的一条重要经验,那就是"千难万难,领导带头就不难"。

第二篇 "关键少数"的重要作用

无论是革命战争年代，还是国家建设时期，遇到困难、危险，党员领导干部首先站出来。正是"关键少数"的模范行动，汇集形成了战胜困难、夺取胜利的洪荒之力。可以说，领导带头就是最有力量的感召力、就是最有力量的执行力。当前，面对伟大斗争、伟大工程、伟大事业，我们更要将这一经验用好用足，发挥好"关键少数"在讲政治、有信念、敢担当、守清廉方面的"关键作用"。

人不以规矩则废，党不以规矩则乱。讲政治，从来都是我们党补钙壮骨、强身健体的根本保证。党的历史也反复证明，全党讲政治、党内政治生活正常健康，党就充满活力，党的事业就蓬勃发展；反之，就弊病丛生、人心涣散。各级党员领导干部特别是主要领导干部要进一步增强"四个意识"，自觉把讲政治内化于心、外化于行，以上率下做政治上的"明白人"，引导广大党员干部在任何时候任何情况下都与党中央思想上同心同向、行动上同步同频。

风成于上，俗化于下。我们党作为马克思主义执政党，既要有强大的真理力量，也要有强大的人格力量。党员领导干部只有带头走正路、干正事、扬正气，才能起到上行下效的正向带动效应。各级党员领导干部特别是主要领导干部要带头保持对共产主义、对中国特色社会主义的坚定信念，以此引导广大党员树立马克思主义远大理想，增强中国特色社会主义"四个自信"，用坚定信仰锻造"金刚不坏之身"。

抓住"关键少数" 深化全面从严治党

火车跑得快,全靠车头带。统筹推进"五位一体"总体布局和协调推进"四个全面"战略布局,需要各级党员领导干部既当运筹帷幄、决胜千里的"统帅",又做攻坚克难、敢闯敢试的"干将",甚至做一马当先、冲锋陷阵的"先锋"。唯此,事业方成。各级党员领导干部特别是主要领导干部要在研究改革发展问题上发挥主导作用,对看准了的事情敢于拍板、敢于担当,善谋善干、善作善成,示范带动广大党员干部争做改革发展的实干家、促进派。

清廉则无畏,秉公则无私。一个干部清正廉洁、秉持公道,做人就有正气,当领导也硬气,抓班子带队伍才有底气。即使有人想闹事,往那一站,讲话大家就听得进去,这就叫公生明、廉生威。各级党员领导干部特别是主要领导干部要始终心存敬畏、手握戒尺,有权不得意、用权不任性,在私底下、无人时、细微处始终慎独慎微,不放纵、不越轨、不逾矩,自觉做到自身干净、后院清净,带动形成山清水秀、风清气正的良好政治生态。

上行而下效,上率而下行。在新的历史时期,只要"关键少数"真正发挥出"关键作用",就能引领"绝大多数"团结一心、矢志不渝,不忘初心、继续前进,加快实现中华民族伟大复兴的"中国梦"。

(原载:人民网 2017 年 2 月 15 日,作者:左梦)

第三篇

抓好"关键少数"
发挥引领作用

党的十八大以来,习近平这样抓"关键少数"

抓"牛鼻子"是习近平总书记治国理政的重要方法论。习近平认为,各项工作要抓出成效,就必须抓住领导干部这个"关键少数"。

党的十八大以来,习近平抓"关键少数",不断抓常抓严、抓实抓细;习近平抓"关键少数",不仅"言传",更重"身教"。

习近平眼中的"关键少数"

2015年2月,习近平在省部级主要领导干部学习贯彻十八届四中全会精神专题研讨班上特别提出了"关键少数"这一概念。他强调,各级领导干部在推进依法治国方面肩负着重要责任,全面依法治国必须抓住领导干部这个"关键少数"。

其实,抓住"关键少数"早已是习近平管理干部和推进工作中一以贯之的做法。担任总书记后不久,习近平就推动出台了八项规定,其核心要求就是"以上率下"。

四年多来,习近平一直十分重视"关键少数",部署各项工作,他总是要将"关键少数"突出讲。

——脱贫攻坚,他强调"党政一把手要当好扶贫开发工作第一责任人";

——深化改革,他强调"党政主要负责同志要亲力亲为,扑下身子抓落实";

——从严治党,他更加强调"关键是要抓住领导干部这个'关键少数',从严管好各级领导干部"。

在习近平看来,领导干部既负有领导责任,也负有示范责任。上面偏出一尺,下面就要跑出一丈。领导干部只有带好头、做榜样,才能成为无声的命令,产生强大的感召力。

习近平抓"关键少数",目的就是要立起信号塔和标杆尺,让"关键少数"发挥关键作用。

"关键少数"抓什么

——管住权力抓制度

习近平抓"关键少数",首先是抓管住权力。

2012年12月4日,习近平主持中央政治局会议,通过了八项规定,要求领导干部带头改进工作作风。

四年多来,有50余部党内法规相继制定修订,针对"关键少数"作出了许多"硬约束"。

2016年10月27日,党的十八届六中全会审议通过了《关于新形势下党内政治生活的若干准则》和《中国共产党党内监督条例》。准则中提及"高级干部"的有20多处,条例中专门就党的中央组织的监督单设一章,突出强调。这两个文件起草组的组长正是习近平。

——层层递进抓信念

习近平抓"关键少数",抓信念是重要一环。

党的十八大以来,中央先后部署了多次专题性党内教育,让党员干部不断"回炉锤炼",实现"自我净化、自我完善、自我革新、自我提高"。

2013年,中央部署开展了党的群众路线教育实践活动,以县处级以上领导机关、领导班子、领导干部为重点,剑指脱离群众的种种问题。

2015年,又安排在县处级以上领导干部中开展"三严三实"专题教育,提出"既严以修身、严以用权、严以律己;又谋事要实、创业要实、做人要实"的重要思想。

2016年,"两学一做"学习教育启动。习近平作出重要指示,要求县处级以上党员领导干部作出表率,"学得更多一些、更深一些，要求更严一些、更高一些"。

三次党内教育，为领导干部在思想、信念上进行了集中"补钙"和"加油"。三次教育环环相扣、层层递进，就是要"把合格的标尺立起来，把做人做事的底线划出来，把党员的先锋形象树起来，用行动体现信仰信念的力量"。

——持之以恒抓学习

习近平抓"关键少数"，非常注重抓学习。他强调，"好学才能上进"，要求"大兴学习之风"。

四年多来，中央每有重大举措，习近平总要先组织"关键少数"专门进行学习、研讨，他先后主持了38次中央政治局集体学习，几乎每个月都要就当下最紧迫的任务和最需要把握的问题听取讲解、进行讨论。

党的十八届三中、四中、五中、六中全会相继就全面深化改革、全面依法治国、全面建成小康社会、全面从严治党进行了专题研究。每次全会后，习近平都要在省部级主要领导干部学习贯彻全会精神专题研讨班上发表重要讲话，对全会精神和相关的重大课题进行深刻阐释。

——超常规动员抓责任

习近平对领导干部说，"为官避事平生耻"，干部就要有担当。习近平抓"关键少数"，最终落在抓责任。

近年来，"政治责任"一词在习近平的讲话和部署中反复出现，分量如此之重，体现出的就是习近平对"关键少数"的超常规动员。

2016年中央经济工作会议上，习近平发表了重要讲话。这次会议鲜明指出，各级领导干部特别是高级干部要把落实党中央经济决策部署作为政治责任，党中央制定的方针政策必须执行，党中央确定的改革方案必须落实。

今年2月13日，习近平又对省部级一把手强调，各级党委和领导干部要担负起政治责任和领导责任，领导干部特别是一把手要亲自抓、亲自管，确保贯彻落实不走偏、不走样。

超常规动员之下必然是超常规举措。中央扶贫开发工作会议上，中西部22个省区市党政主要负责同志向中央签署了脱贫攻坚责任书。近期，又有一些高级干部因严重失职失责被立案审查，受到"断崖式"的降级处分。这些举措背后就是习近平对"关键少数"最严厉的督促。

"关键少数"怎么抓

——抓住中央政治局，为全党作表率

习近平常说，"己不正，焉能正人"，他将中央委员会、中央政治局、中央政治局常委会的组成人员视为关键。他说，把这部分人抓好了，能够在全党作出表率，很多事情就好办了。

抓住"关键少数" 深化全面从严治党

纵观习近平抓"关键少数"的重要部署，无论是抓制度、抓信念，还是抓学习、抓责任，他都要求中央政治局首先做好。

2015年和2016年底，习近平两次主持召开中央政治局民主生活会，中央政治局带头进行自我检查、党性分析，开展批评和自我批评。会前均通过征求意见、谈心谈话、查摆问题等方式进行了充分准备；会中，中央政治局同志逐个发言，按照要求进行对照检查。

习近平也在会上对中央政治局同志提出了一系列要求，强调"在对党忠诚问题上，中央政治局的同志必须纯粹"，"中南海要始终直通人民群众"，"继续在坚持民主集中制方面成为全党典范"，"做勇于自我革命的战士"……

不难看出，对待中央政治局，习近平标准更高、要求更严。要带动一地，"一把手"要带头，而要带动全党，必须由中央带头。

——重锤常擂，落实主体责任

2016年，中央深改组召开了12次会议，习近平强调党政负责人要落实主体责任的就占一大半。2017年开年不到两个月，习近平又向"关键少数"多次"喊话"。

1月6日，新年伊始，习近平就在十八届中央纪委七次全会上突出强调，党的高级干部要做严肃党内政治生活的表率，经常同党中央对表，校准自己的思想和行动。随后他又在1月22日，带领中央政治局同志进行了第三十八次集体学习，就今年极端重要的供给侧结构性改革听取讲解、进行讨论。2月6日，中央深改组召开第三十二次会议，习近平在会上严肃指出，党政主要负责同志要亲力亲为抓改革，扑下身子抓落实。2月13日，中央党校省部级主要领导干部专题研讨班如期"开课"，习近平又来到研讨班向省部级一把手发表重要讲话。

习近平深知，抓"关键少数"贵在经常，久久为功才能保持长效。要防止问题反弹，就必须重锤常擂，让领导干部的思想之弦时刻紧绷。

——问题导向，不断抓实抓细

习近平讲治党管党，通常都是结合案例讲，带着问题讲，指向性非常明确。他多次用重大典型案例警示领导干部，要引以为戒、举一反三。在中纪委六次全会上，他强调家风问题，告诫领导干部不要"护犊子"。与县委书记座谈，他特别提醒"各种诱惑、算计都冲着你来，各种讨好、捧杀都对着你去"。对省部级一把手，习近平又重点提了防范被利益集团"围猎"。

针对领导干部加强自律的问题，他特别指出，"关键是在私底下、无人时、细微处能否做到慎独慎微"，并提出4个"定力"、3个"不"等一系列要求。

"言传"与"身教"并重

在党的群众路线教育实践活动中,政治局常委在第一批活动中要分别联系一个省,第二批活动分别联系一个县。习近平当时联系的分别是河北省和兰考县。

在河北,习近平参加并指导了省委常委班子专题民主生活会。4个半天的会议,他一边听一边记,不时插话询问,进行点评指导。在兰考,他还深情朗诵了自己当福州市委书记时追思焦裕禄所填的《念奴娇·追思焦裕禄》,将"为官一任,造福一方"的政绩观传递给领导干部。

中央八项规定刚刚出台,习近平就坚定地说,"中央政治局同志从我本人做起"。

2012年岁末,习近平到河北阜平"看真贫",在考察准备阶段,他就对中办负责同志明确指示,不许封路,减少陪同,山路上如果有冰雪,简单处理一下就可以了,一定不能惊动百姓去做这件事,如果遇到无法行车的路段,就下车步行。

党的十八大以来,无论是赴地方考察调研,还是出国访问,习近平都亲自审定方案,要求严格执行中央八项规定。

出行上,他轻车简从不封路。履新后首次离京赴广东考察,整个过程没有实施任何封路限行措施,公交车、出租车、私家车与车队同向并行……

住宿上,他尽量简化安排。在河北阜平,他住的是只有

16平米的标间,到四川芦山地震灾区住的是临时板房……

用餐上,他最钟爱的还是"家常菜"。到河北调研时吃大盆菜,在古田吃的是红米饭、南瓜汤,回梁家河,他又和乡亲们一起吃荞麦饸饹、油馍馍、麻汤饭……

在考察调研中,习近平去得最多的还是基层。到湖北考察,习近平一下飞机就冒雨来到武汉新港阳逻集装箱港区。雨下得很大,积水没过了脚面。他卷起裤腿,打着雨伞,向工作人员了解物流等情况。到青海考察,飞机飞行3个多小时,他抵达平均海拔2800米的格尔木,随后就驱车60公里来到盐湖码头,考察循环经济发展。

农历鸡年春节前夕,习近平又冒着四九严寒,来到河北张家口市张北县德胜村,同村民算收入支出账,对照扶贫手册询问扶贫措施落实得怎么样。

……

习近平的"身教"为全党树立了标杆,也是对"打铁还需自身硬"最深刻的诠释。

(原载:新华网2017年2月20日,作者:王子晖)

习近平开年首次"党课"：
抓住"关键少数" 深化全面从严治党

综观习总书记的从政经历，无论在哪里，他都能赢得党员干部和人民群众的好评。在延安老区，7年上山下乡的艰苦生活，习近平锻炼了自己，也被群众夸为"好后生"；在福建，他是努力增进群众福祉的好干部，是耐得住寂寞、吃得了苦头、干起久久为功业绩的好领导；在上海，他是有魄力有能力、能稳定发展大局的领导干部。这些年，在习总书记的带领下，全面建成小康社会进入决胜阶段，全面深化改革"四梁八柱"拔地而起，全面依法治国开启中国法治新时代，全面从严治党层层推进……

2月13日，省部级主要领导干部学习贯彻十八届六中全会精神专题研讨班上，习近平总书记再次强调，要兴党强党，就必须以勇于自我革命精神打造和锤炼自己。

讲政治，坚持党的领导——补钙壮骨、强身健体的根本保证

固思想之元，守为政之本。历史经验表明，我们党作为马克思主义政党，必须旗帜鲜明讲政治，严肃认真开展党内政治生活。

从革命战争年代强调"革命的政治工作是革命军队的生命线"，到社会主义建设年代提出"政治工作是一切经济工作的生命线"，到改革开放时期提出"到什么时候都得讲政治"。回顾党的奋斗历程，我们深刻认识到，讲政治是我们党补钙壮骨、强身健体的根本保证。

习近平总书记要求，党的高级干部要注重提高政治能力，牢固树立政治理想，正确把握政治方向，坚定站稳政治立场，严格遵守政治纪律，加强政治历练，积累政治经验，自觉把讲政治贯穿于党性锻炼全过程，使自己的政治能力与担任的领导职责相匹配。

讲政治就要维护党中央权威、贯彻民主集中制；要牢固树立政治意识、大局意识、核心意识、看齐意识，自觉在思想上政治上行动上同党中央保持高度一致；要着力增强党内政治生活的政治性、时代性、原则性、战斗性。

牢牢把握这些要求，做到内化于心、外化于行，真正让思想跟得上党中央要求，跟得上时代前进步伐；善于从政治上把大局、看问题，善于从政治上谋划、部署、推动工作，才能锻造更加坚强的领导核心。

自我革命实现跨越——给党和人民事业注入生机活力

居安思危，安不忘危。勇于自我革命，是我们党最鲜明的品格，也是我们党最大的优势。

2016年7月1日，在庆祝中国共产党成立95周年大会上，总书记曾指出，全党要以自我革命的政治勇气，着力解决党自身存在的突出问题，不断增强党自我净化、自我完善、自我革新、自我提高能力。

今年2月13日的讲话中，总书记再次强调"自我革命精神"，并谈到，要兴党强党，就必须以勇于自我革命精神打造和锤炼自己。只有努力在革故鼎新、守正出新中实现自身跨越，才能不断给党和人民事业注入生机活力。

十八大以来，以习近平同志为核心的党中央做出全面从严治党的战略抉择，这是中国共产党基于对自己的清醒判断而进行的一场"自我革命"，重点就是抓领导干部这个"关键少数"。

"党和国家领导人退下来要及时腾退办公用房；不能超标准配备车辆、超规格乘坐交通工具，外出要轻车简从，最大限度减少对群众生产生活的影响……"

2016年11月30日，习近平总书记主持召开中央政治局会议，对党和国家领导人办公用房、住房、用车、交通、工作人员配备、休假休息等待遇进一步做出规定。这也是对4年前出台的中央八项规定的拓展和深化。

从中央八项规定切入,从中央政治局做起,全面从严治党以自我革命的政治勇气纵深推进。

4年多来,200多名中管领导干部因腐败问题被审查,100多万人因违纪违规受到组织处理,约20万人因违反中央八项规定精神被处理……

严格自律慎独慎微——永葆共产党人政治本色

欲明人者先自明,欲正人者先正己。在13日的讲话中,习近平指出,领导干部特别是高级干部必须加强自律、慎独慎微,经常对照党章检查自己的言行,加强党性修养,陶冶道德情操,永葆共产党人政治本色。

早在2013年8月,习近平在辽宁考察时就强调,领导干部要自觉讲诚信、懂规矩、守纪律。2015年1月,十八届中央纪委五次全会上,习近平更指出,各级领导干部特别是高级干部要牢固树立纪律和规矩意识,在守纪律、讲规矩上作表率。

"照镜子、正衣冠、洗洗澡、治治病",为保持和发展党的先进性和纯洁性,2013年6月,第一批党的群众路线教育实践活动启动。以党章为镜,在宗旨意识、工作作风及廉洁自律上摆问题、找差距、明方向,勇于正视缺点和不足,以整风的精神开展批评和自我批评,保持共产党人政治本色。

2015年,"三严三实"专题教育开展,要求各级领导干部"严以修身、严以用权、严以律己"。心存敬畏、手握戒尺,从小事做起,从细节严起,做到慎细微、慎独处、慎身边、净化朋友圈、生活圈,管好家人、身边人,不存私心、不谋私利、不徇私情,做一名组织放心、群众称心、自己安心的好党员、好干部。

2015年10月,《中国共产党廉洁自律准则》印发,为党员和党员领导干部树立了一个看得见、够得着的高标准。充分体现全面从严治党要求,又突出领导干部这个"关键少数",提出比普通党员更高的要求。

2016年,"两学一做"学习教育开展,进一步解决党员队伍在思想、组织、作风、纪律等方面存在的问题。作为"关键少数"的领导干部,走在前头,成为引领者。

强化责任担当率先垂范——管党治党利器

权力就是责任,责任就要担当。党的十八届六中全会通过的《关于新形势下党内政治生活的若干准则》和《中国共产党党内监督条例》,针对党内存在的突出矛盾和问题,既指出了病症,也开出了药方,既有治标举措,也有治本方略。

13日的讲话中,习近平强调,各级党委和领导干部要担负起政治责任和领导责任,使贯彻《准则》《条例》成为每一个党组织、每一名党员的自觉行动。

——亲自抓、亲自管,确保贯彻落实不走偏、不走样;

——以身作则、率先垂范,凡是要求党员、干部做到的自己必须首先做到,凡是要求党员、干部不做的自己必须首先不做;

——带个好头,在全面从严治党中做出新业绩、树立好形象。

"整合问责制度,健全问责机制,坚持有责必问、问责必严。"在2016年初召开的十八届中央纪委六次全会上,习近平总书记针对从严治党发出有力声响。同年6月,中共中央政治局召开会议,审议通过《中国共产党问责条例》,对问责情形以及相关处分都做出了明确规定。

十八大以来,党中央把问责作为管党治党利器,据统计,截至2016年5月底,全国共对4.5万余名党员领导干部做出了责任追究。其中2016年,全国共有1.7万名党员领导干部被问责。

依据《中国共产党问责条例》,各地细化实施,强化问责。

2017年2月,四川省委出台《四川省贯彻〈中国共产党问责条例〉实施办法》,全面从严治党不力等22种情形将被问责。

2016年8月,甘肃出台《甘肃省实施〈中国共产党问责条例〉办法(试行)》,突出政治责任,突出问题导向。西藏印发《关于在全区各级纪检机关集中开展"一案双查"

工作方案》的通知，明确九种问责情形。

2016年1至6月，云南各级纪检监察机关对"两个责任"落实不力的165名领导干部进行责任追究……

打铁还需自身硬。党员干部特别是领导干部只有锤炼自己，深入学习贯彻习近平总书记系列重要讲话精神，坚定不移推进全面从严治党，坚决维护党中央权威，提高党内政治生活质量，共同营造风清气正的政治生态，保持自我革命精神，加强严格自律、强化责任担当，才能在引领经济社会发展的新征程中攻坚克难、砥砺前行，不断取得新成功、铸就新辉煌。

（原载：央视网2017年2月15日，作者：余晓玲）

抓住领导干部这个"关键少数"
——三论习近平总书记在省部级学习贯彻十八届六中全会精神专题研讨班重要讲话

正人者必先正己,律人者必先律己。全面从严治党能否落到实处,领导干部的示范和带头作用至关重要。

"领导干部特别是高级干部必须加强自律、慎独慎微"。在省部级主要领导干部学习贯彻十八届六中全会精神专题研讨班开班式上,习近平总书记聚焦领导干部这个"关键少数",针对现实问题,对领导干部怎样加强自律、如何强化责任担当提出具体要求。坚持以身作则、以上率下,以领导干部思想到位、行动对标带动全党,是贯彻落实好六中全会精神的重要保障和实践动力。

"表里内外,粗精隐显,无不慎之,方谓'诚其意'"。对领导干部特别是高级干部来说,加强自律,就是要以党章为镜鉴,经常对照党章检查自己的言行,坚定理想信念,加强党性修养，陶冶道德情操，永葆共产党人政治本色。加强自律，关键是在私底下、无人时、细微处能否做到慎独慎微，始终心存敬畏、手握戒尺，增强政治定力、思想定力、道德定力，绝不放纵、不越轨、不逾矩。领导干部尤其是高级干部要注重提高政治能力，牢固树立政治理想，正确把握政治方向，坚定站稳政治立场，严格遵守政治纪律，自觉把讲政治贯穿于党性锻炼全过程。唯有如此，方能不忘初心、坚守本色，形成一级带一级、一级促一级的示范效应，推动全面从严治党不断向纵深发展。

"知者行之始，行者知之成。"领导干部严格自律，是一个知行合一的过程，必须在经受"四大考验"、克服"四种危险"的实践中见真章、显本色。

干部手中的权力姓公不姓私，只有注重自觉同特权思想和特权现象作斗争，从自己做起，从身边人管起，从最近身的地方构筑起预防和抵制特权的防护网，才能律己正人，炼就百毒不侵的"金钟罩"。吏治腐败是最大的腐败，只有注重在选人用人上把好方向、守住原则，坚持党管干部原则，带头执行党的干部政策，坚决纠正各种不正之风，才能从源头上净化政治生态。打铁还需自身硬，只有坚持公正用权、谨慎用权、依法用权，坚持交往有原则、有界限、有规矩，才能堂堂正正做人、清清白白为官，避免被利益集团"围猎"。信任不能代替监督，只有注重自觉主动接受监督，对党忠诚老实，党员干部决不以任何借口拒绝监督，党组织也决不以任何理由放松监督,才能激浊扬清、扶正祛邪,保持拒腐蚀、永不沾的政治本色。

人不率则不从,身不先则不信。党的十八届六中全会通过的《准则》和《条例》,每句话都有深刻内涵和明确指向,为新形势下全面从严治党提供了重要遵循和制度安排。要使党的各项规章成为每一个党组织、每一名党员的自觉行动,关键是各级党委和领导干部要担负起政治责任和领导责任。一方面,领导干部特别是高级干部要从我做起、率先垂范,凡是要求党员、干部做到的自己必须首先做到,凡是要求党员、干部不做的自己必须首先不做,为全党带个好头、树立榜样。另一方面,领导干部特别是一把手要亲自抓、亲自管,各级党组织要加强检查和考核,严格落实执纪问责,完善抓落实的长效机制,层层传导压力,确保贯彻落实不走偏、不走样。

全面从严治党永远在路上。兴党强党,每一个共产党员都责无旁贷。充分发挥"关键少数"的关键作用,汇聚管党治党的强大力量,我们就一定能在以习近平同志为核心的党中央坚强领导下,把党建设得更加坚强有力,让党和国家各项事业更加蓬勃兴旺。

(新华社北京2月15日电,作者:新华社评论员)

抓住"关键少数"推进全面从严治党

为政之要,莫先乎人;成事之要,关键在人。包括党政主要负责同志在内的"关键少数"能否发挥关键作用,事关党和国家事业的前途命运。

党的十八大以来,以习近平同志为核心的党中央从抓"关键少数"破题,突出"关键少数"这个重点,以身作则、以上率下,严明纪律、严格要求,建章立制、着眼长远,不断推动全面从严治党向纵深发展。

以身作则 以上率下——"关键少数"要作关键表率

党的十八大以来,每年年初中央党校省部级主要领导干部专题研讨班都会如期"开课"。在研讨班开班式上,习近平总书记都会为学员们讲授"第一课",明方向、定遵循、聚共识。

在2015年2月学习贯彻党的十八届四中全会精神专题研讨班上，习近平总书记特别提出了"关键少数"这个概念。他强调，各级领导干部在推进依法治国方面肩负着重要责任，全面依法治国必须抓住领导干部这个"关键少数"。1个月后，他在参加十二届全国人大三次会议上海代表团审议时再次强调，从严治党，关键是要抓住领导干部这个"关键少数"，从严管好各级领导干部。

人不率则不从，身不先则不信。

2016年10月，在具有里程碑意义的党的十八届六中全会上，习近平总书记的重要讲话再次强调了"关键少数"的关键所在——"加强党的建设必须抓好领导干部特别是高级干部，而抓好中央委员会、中央政治局、中央政治局常委会的组成人员是关键。""把这部分人抓好了，能够在全党作出表率，很多事情就好办了。"

党的十八届六中全会审议通过的《关于新形势下党内政治生活的若干准则》明确提出，要制定高级干部贯彻落实本准则的实施意见；通过的《中国共产党党内监督条例》，则专门就党的中央组织的监督单设一章，突出强调抓好"关键少数"。

纲举而目张，执本则末从。

"历史和现实告诉我们：解决中国的问题，关键在党；党要管党、从严治党，关键在党的各级领导干部，尤其是高级领导干部。"国家行政学院教授汪玉凯说。

回望四年多来全面从严治党的伟大实践,抓住"关键少数"无疑是贯穿始终的关键一招。

——这是一场自上而下、层层动员的政治实践。

2013年下半年开始,中央政治局率先开展党的群众路线教育实践活动,中央政治局各位常委同志带头开展批评和自我批评。

打铁趁热,环环相扣。

以群众路线教育实践活动为起点,2015年起开展的"三严三实"专题教育聚焦县处级以上领导干部;2016年全面启动的"两学一做"学习教育,则进一步把党的思想政治建设延伸到了所有基层党组织和全体党员。一条以上率下、层层深入的教育实践脉络清晰可见。

同样是率先垂范、以身作则。2012年12月4日,党的十八大闭幕不到一个月,中共中央政治局会议审议通过关于改进工作作风、密切联系群众的八项规定。几天后,习近平总书记到深圳考察,不腾道、不封路、不扰民,没有欢迎横幅,没有层层陪同……

"从作风建设切入,从中央政治局做起,习近平总书记为全党树起了标杆。"中央党校教授谢春涛说。从此,全面从严治党令出必行、驰而不息,一级做给一级看,一个节点接着一个节点抓,推动党风政风、社会风气发生根本性的变化。

——这是一种念兹在兹、一以贯之的政治要求。

职位越高、权力越大，越应心存敬畏，战战兢兢、如履薄冰。

从中央全会到中央纪委全会，从中央政治局会议到全国两会，习近平总书记在多个场合对抓"关键少数"提出要求。

中央政治局处在党和国家政治生活最高层，是"关键少数"中的关键少数。

习近平总书记郑重提出："中央政治局的同志要牢固树立政治意识、大局意识、核心意识、看齐意识，坚持以党的旗帜为旗帜、以党的方向为方向、以党的意志为意志，当政治上的明白人。"

省部级高级领导干部是执掌重要权力、承担重大责任的"关键少数"。

习近平总书记明确要求："高级干部必须时刻警醒自己，做到自重自省自警自励。"

县一级处在承上启下的关键环节，县委是党执政兴国的"一线指挥部"。

习近平总书记谆谆教诲："做县委书记就要做焦裕禄式的县委书记，始终做到心中有党、心中有民、心中有责、心中有戒""做到清清白白做人、干干净净做事、坦坦荡荡为官"。

严明纪律 严管厚爱——"关键少数"要有严格要求

2月8日，中央纪委网站发布消息，第十八届中央委员、民政部原党组书记、部长李立国和民政部原党组成员、副部长窦玉沛严重失职失责被立案审查。

因管党治党不力，所辖单位发生系统性腐败问题被问责，受到"断崖式"的降级处分，这在党的十八大之前是十分罕见的。抓主体责任、抓监督责任，就是抓"关键少数"的责任担当。

山西省发生系统性、塌方式腐败案后，相关党组织被问责；河南新乡市委原书记李庆贵因对该市连续发生的3名厅级领导干部严重违纪违法案件负有主要领导责任被免职；辽宁拉票贿选案共查处955人，其中中管干部达到34人，通报全党。

中央纪委网站数据显示，从2014年起至2016年9月，通报的典型案例中问责397人次，其中一把手占62.7%。

"上面偏出一尺，下面跑出一丈。"中央纪委驻中国社科院纪检组副组长高波说，对于"关键少数"而言，如果不负责、不担当，甚至违法乱纪，其结果不仅是导致个人的腐化堕落，更会带坏一批干部，破坏一个部门一个地区一个系统的政治生态。

越是身居高位越要干净担当，越是"关键少数"越要严格要求。

四年多来，惩治这一手决不放松，坚持党纪国法面前没有例外，不管涉及到谁，不管级别有多高，都一查到底，决不姑息——

党的十八大以来，中央纪委共立案审查中管干部240人，是十七大期间审查中管干部总人数的3.6倍；处分厅局级干部6600余人，是十七大期间的3.2倍……

没有免罪的"丹书铁券"，没有"铁帽子王"。越是高级干部越要严格自律，越不能心存侥幸和幻想。

四年多来，党内监督紧盯"关键少数"，以高级领导干部特别是一把手为监督重点，发现问题，该曝光的一律曝光，该处理的坚决处理——

国务院扶贫办党组成员、副主任欧青平2014年至2015年先后3次违规组织、参加公款宴请活动，受到党内严重警告处分；中国人民银行原行长助理杨子强公款支付应由个人承担的费用，受到党内警告处分……

中央纪委提出明确要求，对2016年以后发生的违反中央八项规定精神受到党纪政纪处分人员，不管级别高低，原则上都要点名道姓通报曝光。过去一年，中央纪委通报曝光违反中央八项规定精神典型问题44起，涉及中管干部11人。

四年多来，制度建设的脚步不断加快，党内法规体系日趋完善，不断扎紧的制度之笼，推动从严治党、从严治吏越来越有规可循、有据可依——

从出台《配偶已移居国（境）外的国家工作人员任职

岗位管理办法》《推进领导干部能上能下若干规定（试行）》，到颁布《中国共产党问责条例》、修订《党委（党组）讨论决定干部任免事项守则》，再到党的十八届六中全会通过的《准则》《条例》……

一系列新举措、新探索，对"关键少数"管好用好身边的人，不断提升自身能力素质，防止出现搞"一言堂"、任人唯亲等倾向起到了切实有效的作用。

响鼓也需重锤，严管方显厚爱。

党的十八大以来，党的各级干部在严明的纪律约束下，在严格的要求鞭策下，政治意识、大局意识、核心意识、看齐意识不断强化，队伍的纯洁性、战斗力不断提升，"关键少数"的关键作用正源源不断地释放出来。

真抓实干 勇于担当——"关键少数"要起关键作用

"党政主要负责同志是抓改革的关键，要把改革放在更加突出位置来抓，不仅亲自抓、带头干，还要勇于挑最重的担子、啃最硬的骨头。"

新春伊始，闻鸡起舞。习近平总书记主持召开中央全面深化改革领导小组第三十二次会议，为党政主要负责同志擂响改革战鼓，对"关键少数"如何抓改革提出明确要求。

半个多月前，习近平总书记前往河北省张北县，踏着皑皑白雪进村入户，看望慰问困难群众。

"火车跑得快，全靠车头带！"习近平总书记在考察中，对作为脱贫攻坚责任人的"第一书记"寄予殷殷厚望。

第三篇 抓好"关键少数" 发挥引领作用

"听了总书记的话,压力不小,但是干劲儿更足。"张北县德胜村"第一书记"苏会彬说,"我们'第一书记'的目标就是'不脱贫、不脱钩',真正成为带领农民群众脱贫致富的主心骨!"

全面建成小康社会,距离实现第一个百年奋斗目标只有4年时间,如期让几千万贫困人口摆脱贫困任务依然艰巨;全面深化改革,攻坚期和深水区特点更加明显,破局开路犹须快马加鞭;全面依法治国,还有许多体制机制障碍需要突破,闯关夺隘仍要咬紧牙关;全面从严治党,继续向纵深发展,绝不能有一丝懈怠,必须久久为功。

纷繁世事多元应,击鼓催征稳驭舟。

大至一党一国,小至一镇一村,历史发展的关键时期,呼唤更多勇于担当的"关键少数",带领广大干部群众在纷繁复杂的局面中攻坚克难,发挥举足轻重的关键作用。

围绕中心,服务大局,"关键少数"要真抓实干、勇于担当。

"党的各项事业,作为'关键少数'的地方和部门一把手,抓与不抓大不一样,虚抓实抓大不一样。"谢春涛指出,面对经济社会发展各项艰巨任务,领导干部要做实干家、促进派,而不是"背手干部""甩手干部""挥手干部"。

面对形势,投身工作,"关键少数"不止要严守底线,更要勇攀高峰。

"'关键少数'要发挥关键作用,必须自觉在思想上政治上行动上同以习近平同志为核心的党中央保持高度一致，切实增强政治意识、大局意识、核心意识、看齐意识。"汪玉凯说。

对领导干部来说，增强"四个意识"，不是一句空话，而要见诸行动、务求实效，体现在具体工作中，就是要做到第一时间传达贯彻党中央的精神，不折不扣落实党中央的决策部署，不断提高领导、谋划、推动、落实各项工作的能力和水平。把"扑下身子、狠抓落实"当作不可懈怠的政治责任，一以贯之的精神状态。

时不我待，只争朝夕。

习近平总书记在党的十八届六中全会上明确要求，全党要全面贯彻党的十八大和十八届三中、四中、五中、六中全会精神，团结带领全国各族人民，坚定信心，奋发进取，进一步做好党和国家各项工作，特别是要切实做好思想理论准备工作、组织准备工作、经济社会发展工作、意识形态工作，切实维护社会和谐稳定，以优异成绩迎接党的十九大召开。

前进的号角已经吹响。作为"关键少数"，各级领导干部要切实贯彻落实党的十八届六中全会精神，把目标牢记心中，将使命扛在肩头，围绕中央提出的五大任务，真抓实干、勇于担当，进一步迸发出干事创业的热情与力量，以更加奋发有为的精神面貌迎接党的十九大胜利召开。

（原载：中央纪委监察部网站2017年2月13日，作者：罗宇凡、朱基钗、罗争光）

领导干部要注重提高政治能力
——学习习近平总书记在省部级专题研讨班上的重要讲话

讲政治，不仅有个政治态度问题，还有个政治能力问题。仅有鲜明的政治态度而无坚强的政治能力，讲政治就会力不从心。

在省部级主要领导干部学习贯彻十八届六中全会精神专题研讨班开班式上，习近平总书记提出了"注重提高政治能力"的重大命题，为领导干部讲政治指明了正确方向和科学路径。领导干部特别是高级干部要深入学习领会习总书记关于提高政治能力的重要论述，努力把政治能力提升到与担任的领导职责相匹配的水平。

领导干部提高政治能力的重大意义

我们党作为马克思主义政党，必须旗帜鲜明讲政治。讲政治，不仅有个政治态度问题，还有个政治能力问题。

仅有鲜明的政治态度而无坚强的政治能力，讲政治就会力不从心。领导干部作为中坚力量和"关键少数"，更要带头提高政治能力。新形势下，领导干部提高政治能力，具有极为重要的意义。

深入贯彻落实中央大政方针的时代需要。党的十八大以来，以习近平同志为核心的党中央提出一系列重大战略思想，作出一系列战略部署，其力度、频度、效度在我们党的历史上都是罕见的。与之相适应，对各级领导干部贯彻落实的政治能力也提出了新的更高要求。贯彻落实，不仅要全面，更要深入，而且要达到"踏石留印、抓铁有痕"的程度，这决不是凭一般能力能够做到的，必须在提高政治能力上标准更高、要求更严、用力更猛。

汇聚人民深厚伟力追梦筑梦的时代需要。人民，既有着巩固执政根基的民心，还有着创造伟大历史的民力。无论是得民心还是聚民力，都与领导干部的政治能力息息相关。政治能力强、政治形象正，就能够凝聚民心画出最大同心圆，也能够汇聚民力开创事业新局面。领导干部只有适应时代要求不断提高政治能力，塑造清正廉洁的形象，做出执政为民的实绩，才能把中国梦"梦之队"的每一员都团结起来，同舟共济、齐心协力，推动"中华号"巨轮乘风破浪、奋力前行。

攻坚克难推进新的伟大斗争的时代需要。今天，在新的伟大斗争的征程中，每一步成功都需要领导干部凭借坚强的政治能力去担当和奋斗。必须看到，伴随着险关隘口的阻挡，还有"香风毒雾"的侵蚀、"酒绿灯红"的影响、"糖衣炮弹"的袭击、金钱美色的引诱、利益集团的"围猎"，这些都是对领导干部的时代大考。一旦丧失政治能力，就有可能掉入万丈深渊，不仅无法带领人民夺取新长征的胜利，而且连自身都难以保全！

领导干部提高政治能力的科学内涵

习总书记在提出政治能力的命题后，紧接着强调：牢固树立政治理想，正确把握政治方向，坚定站稳政治立场，严格遵守政治纪律。这既是对提高政治能力内涵的科学诠释，也是对每一名领导干部的谆谆告诫和殷殷嘱托。

牢固树立政治理想是提高政治能力之魂。一个领导干部有了政治理想，才能有追求、有主见、有决断、有担当，才谈得上有政治能力。中国共产党人的政治理想，是我们每一个党员领导干部的命脉和灵魂，是"精神之钙""压舱之石""立命之本"。领导干部牢固树立政治理想，有助于我们更好地弘扬中国精神、凝聚中国力量，不断把为崇高理想奋斗的伟大实践推向前进。

正确把握政治方向是提高政治能力之要。方向决定道路，道路决定命运。只有牢牢把握政治方向，才能在波谲云诡的形势面前廓清迷雾、心明眼亮，才能在重大政治原则和大是大非问题上毫不含糊、毫不动摇。中国共产党人的政治方向，就是中国特色社会主义的前进方向。领导干部必须保持强大政治定力和战略定力，坚定道路自信、理论自信、制度自信、文化自信，坚定不移沿着中国特色社会主义道路开辟新天地、创造新奇迹。

坚定站稳政治立场是提高政治能力之核。毛泽东指出，政治是统帅、是灵魂，这政治不是少数人的政治，而是无产阶级和人民大众的政治。政治能力最突出的表现，就是能够把人民群众动员和组织起来为他们自己的利益而奋斗。中国共产党人的政治立场，就是人民立场，即坚持一切为了人民、一切依靠人民。领导干部必须把人民放在心中最高位置，坚持全心全意为人民服务的根本宗旨，与人民风雨同舟、生死与共，不断实现好、维护好、发展好最广大人民的根本利益。

严格遵守政治纪律是提高政治能力之基。只有严格遵守政治纪律，领导干部才能在政治舞台上散发光和热，才谈得上提高和发挥政治能力。习总书记指出："政治纪律是各级党组织和全体党员在政治方向、政治立场、政治言论、政治行为方面必须遵守的规矩，是维护党的团结统一的根本保证。"领导干部必须担负起执行和维护政治纪律和政治规矩的责任，心存敬畏、手握戒尺，增强政治定力、纪律定力、道德定力、抵腐定力，始终不放纵、不越轨、不逾矩。

在政治历练和党性锻炼中提高政治能力

提高政治能力,是随着政治实践发展而发展的永恒课题,是领导干部的终身课题,只有进行时,没有完成时。时代在进步,人民的期望在提升,政治能力的标准要求也在升级,必须适应党和人民提出的新要求,不断把政治能力提高到新水平。

在学习习总书记系列重要讲话中把握"中央基准"。学习是能力成长之梯。对提高政治能力而言,关键是要围绕党的重要文献和经典著作,读原著、学原文、悟原理。习总书记系列重要讲话是中国特色社会主义理论体系最新成果,是21世纪马克思主义、当代中国马克思主义生动的体现,是我们推进党和人民事业发展的强大思想武器。领导干部提高政治能力,必须把深入学习贯彻习总书记系列重要讲话摆在重中之重的突出位置。要进一步增强政治意识、大局意识、核心意识、看齐意识,自觉在思想上政治上行动上同以习近平同志为核心的党中央保持高度一致。要联系实际学深悟透,把握精髓要义,把系列重要讲话精神更加扎实地落实到各项具体工作中。

在加强政治历练、积累政治经验中消除"本领恐慌"。实践是锤炼能力的大熔炉、检验能力的大考场。提高政治能力,必须经历政治实践特别是矛盾问题集中的政治实践的千锤百炼。从古今中外的历史看,伟人们叱咤风云的雄才伟略，都是在时代的风口浪尖上经历无数风吹浪打锤炼出来的。领导干部要勇于挑最重的担子、啃最硬的骨头、接最烫的山芋，逢山开路、遇水搭桥，在破解一个又一个难题中实现能力素质的跃升。攻克难题往往不是一蹴而就的，需要不断总结经验教训，特别是要以勇于自我革命精神打造和锤炼自己，不掩饰缺点、不回避问题、不文过饰非，有缺点克服缺点，有问题解决问题，有错误承认并纠正错误。有了这种自我革命精神，就能更好更快地提高政治能力。

在思想提纯、灵魂回炉的党性锻炼中铸就"政治钢铁"。人们常用"特殊材料制成的人"来形容共产党员，这个"特殊材料"应如钢似铁。长征时期，红24团通讯员郑金玉即使身体倒在长征路上，也坚持做"政治上的钢铁"。新形势下，领导干部率先垂范，更要做"政治上的钢铁"。要严肃认真开展党内政治生活，着力增强党内政治生活的政治性、时代性、原则性、战斗性；把鲜明的问题导向和强烈的整风精神贯穿到党内生活之中，大力营造发现问题是能力、揭露问题是党性、正视问题是觉悟的浓厚氛围；勇于向自身开刀，真正把自己摆进去，严格进行党性分析和对照检查，从思想和灵魂深处深刻反思，早日把自己锻炼成为"金刚不坏之身"。

（原载：《解放军报》2017年2月22日，作者：刘光明）

领导干部要把好用权"方向盘" 系好廉洁"安全带"

习近平总书记在四川代表团参加审议时强调,各级领导干部要带头执行《准则》、《条例》,把好用权"方向盘",系好廉洁"安全带",激浊扬清,扶正祛邪,自觉为营造风清气正的政治生态履职尽责、做出贡献。这是总书记对各级领导干部的政治嘱托。

在习总书记看来,用权和开车之间有异曲同工之妙:一个人要想开车、保安全,一要熟练驾技,二要熟记交法,否则迟早要收罚单,甚至酿成事故。同理,一名领导干部掌权用权,首先要立足政治立场和工作实践,不断提高用权本领,其次要善于总结领悟,学会用权规则,二者缺一不可。若是出现了瘸腿现象,就极容易走偏路、出岔子。此次参加四川代表团审议,习总书记要求各级领导干部一定要把好用权"方向盘",系好廉洁"安全带",用老百姓直白的语言,用形象化的语言再次强调严于用权、严于律己,寓意深刻,耐人寻味,现实意义深远。

　　坚持忠诚于民不动摇,着力解决感情浅的问题。习近平总书记强调各级领导干部要把好用权"方向盘",首先是在要求大家一定要明白手中权力来自人民,自己是人民的公仆,不忘初心,全心全意为人民服务。我们党仍然面临着执政风险的重大考验和挑战。必须肯定,经过"两学一做"学习教育,党风政风明显好转,群众满意率不断上升。但是,深入观察干群关系便会发现一种现象:现在交通工具发达了,领导干部与人民群众的心理距离却疏远了;通信工具先进了,领导干部与人民群众的交流沟通却困难了;领导干部的文化学历普遍提高了,但做群众工作的艺术下降了;基层干部身居一线联系群众渠道多了,但掌握群众的真实情况却少了,等等,这到底是为什么?答案并不复杂,就是干群之间缺乏基本的感情和互信。正所谓"心相远,咫尺也是天涯"。"乐民之乐者,民亦乐其乐;忧民之忧者,民亦忧其忧"(《孟子·梁惠王下》)。历史教训告诉人们,官民同源,根植于民。我们党的根基在人民、血脉在人民、力量在人民。"忠"的本质是"责任"。一要心中有责,保持履职最基本的定心定律。时刻把党和人民赋予的职责牢记于心,秉持为民情怀,展示为民作为,彰显为民成效,努力让群众得到更多实惠。二要大胆负责,用勇于担当奉

第三篇 抓好"关键少数" 发挥引领作用

献人民。面对现实矛盾敢抓敢管、敢于碰硬,弘扬新风正气,面对发展难题迎难而上、攻坚拔寨,自觉站在排头,面对急难险重任务豁得出来、顶得上去、拿得下来,真正体现共产党人的为民情怀与担当。三要恪尽职责,靠真抓实干赢得民心。时刻牢记群众利益无小事,安危冷暖挂在心上、抓在手上。对该办理的群众事项,要时刻关注,紧盯不放,跟踪督办,追踪到底,做到事事有回音、件件有反馈。时刻牢记感情在于情,真情换真心,感情在于联系,群众务必贴近,贴近才能暖心,成为群众可以信赖的人。

坚持用权为民不动摇,着力解决作风假的问题。习近平总书记强调各级领导干部要把好用权"方向盘",就是告诫大家一定要牢固确立党的实事求是思想路线,始终站稳群众立场,积极适应治国理政新考验和党的建设新要求,狠刹弄虚作假、欺上瞒下歪风,营造风清气正的政治生态。党的十八大以来,全面从严治党伟大工程的扎实推进,不敢腐的震慑作用得到发挥,不能腐、不想腐的效应初步显现,反腐败斗争压倒性态势正在形成。我们既要为取得辉煌战果欢欣鼓舞,也要对反腐败斗争的艰巨性和长期性做好心理准备。必须看到,面对前所未有的反腐败高压态势,那些"两个嘴巴说话、两张面孔做人"的"两面人"势必会隐藏更深入、手段更诡秘、表演更逼真。在忠诚于民上,当前有三种现象值得关注和警惕:一是"伪忠诚"。有人对群众疾苦不用心、不上心、不关心,一门心思谋求个人政绩和出路。遇到难题绕道走，小事拖大、大事拖炸；有人对群众利益漠不关心、麻木不仁，甚至是发牢骚、讲怪话、看笑话；有人打着服务群众旗号，损害群众的利益，折腾群众来回跑；有人把群众工作视为负担，不愿意与群众打交道，缺乏共同语言，看见群众就头痛；有人表态快、调门高、口号响、行动糟，"两面人"当得炉火纯青。二是"亚忠诚"。有的忠诚纯度不高，定力不足，随风摇摆，让群众不托底；有的想进步时热心服务群众，一旦希望破灭、临秋末晚就现了原形；有的左顾右盼、横攀竖比，标准浮动，缺少真心实意。三是"惠忠诚"。这是一种量惠而出式的"忠诚"。有的在服务群众中搞上有政策、下有对策，变通牟利；有的喜欢打"擦边球"，在政策边缘寻求私利最大化；有的搞"大帽子底下开小差"，没有好处不办事，对待群众不是一条心、一股劲、一碗水端平，等等，"两面人"本质上是一种政治投机主义，危害极大。《准则》、《条例》明确要求，全体党员必须对党忠诚，言行一致，反对阳奉阴违的两面派行为和一切阴谋诡计，指明了为官做人的基本底线。领导干部务必树立正确的权力观，坚持用权为民，决不能使之成为牟取私利的工具；要时刻牢记权力是把"双刃剑"，走偏锋丢性命；要始终坚持把"三严三实"当作为官从政的基本准则，发扬做老实人、言行一致、以身作则的优良传统。党组织要加强对党员干部的考核和监督，使"两面人"没有市场、无所遁形。强化监督问责，加大对党员干部弄虚作假的惩处力度，提高造假的成本。要树立正确的用人导向，让老实人不吃亏，不老实受惩罚，引导净化政治生态。

坚持重规束己不动摇，着力解决自律差的问题。习近平总书记强调各级领导干部要系好廉洁"安全带"，就是要求大家都像驾车人启车前习惯自觉系好安全带一样，坚持重规自我约束，防线前移，严格自律，勤于自省，点滴养成，带头营造良好的政治生态。我们应当看到，当前推动供给侧结构性改革、振兴老工业基地、工业转型升级、决战扶贫攻坚、加强农村基层政权建设、社会经济发展等任务十分繁重，路途不平，压力巨大，必须再接再厉，快马加鞭，多拉快跑，弯道超车。同时，负重前行，易于疲惫，也容易思想麻木、放松要求、降低标准，不仅"安全带"形同虚设，还可能出现违规并线、超速行驶，甚至"闯红灯"。在这种情况下，习近平总书记强调要系好廉洁"安全带"，显得非常重要而紧迫，具有重要现实意义。"打铁还需自身硬"，廉洁自律重在自律，廉洁自律是加强反腐倡廉的关键所在。实践表明，领导干部内心始终坚持重规束己，是各种制约权力运行的制度发挥作用的重要基础。明太祖朱元璋曾问群臣"天下何人最快活"，大臣万钢答："畏法度者最快活。"朱元璋非常赞同。这个道理古今通用。领导干部严于用权、严于自律，就好比驾车人系上安全带，会降低自身的舒适度，需要有高度的政治自觉和责任意识。

要把守纪律讲规矩摆在更加重要的位置，严格用政策、纪律、法规对照自己、检查自己、修正自己、管好家人。要慎独慎微，警惕"湿了第一只鞋，就收不住第二只脚"的人性弱点，敬终如始管住"每一次"。要有宽广的胸怀，带头开展批评和自我批评，虚心接受批评和帮助，在思想交锋中净化自身。要自觉接受监督，不论职务多高、权力多大、资历多老，都不能游离于组织和群众监督之外。还要经常捧着《党章》照照镜子，反复对照《准则》、《条例》找找差距，重温入党誓词搞搞反思，把那些随波逐流的从众心理、得过且过的懈怠情绪、因私废公的不良作风彻底克服掉，当好优秀的"八千八百万分之一"。

坚持从严治党不动摇，着力解决后劲松的问题。习近平总书记强调各级领导干部要系好廉洁"安全带"，就是要求大家时刻保持政治上的清醒与坚定，防骄破满不懈怠，准确把握党风廉政建设和反腐败斗争新形势新任务，掌握工作的主动权，扎实推进全面从严治党的伟大工程，始终保持反腐败斗争的高压态势，坚决防止"四风"问题反弹回潮。4年多来，全党重拳反腐倡廉，纪检监察机关共立案100余万件，给予党纪政纪处分100余万人，一批贪官伏法，"四风"问题有效遏制，赢得人民群众的广泛赞誉。面对举世瞩目的好成绩，习近平总书记再次强调各级领导干部要系好廉洁"安全带"，为什么要这样提？这是有针对性的。应该看到，虽然党风政风日益好转，广大党员、干部真抓

第三篇　抓好"关键少数"　发挥引领作用

实干的劲头更足了，但同时也不可回避，一些地方、一些领域、一些部门的一些党员干部身上的陈疴顽疾尚未根除，有些老问题还在改头换面地出现，有些经常性问题不时"闯关"，有些新问题又逐渐暴露出来。比如，正风肃纪抓得紧了，但廉而不勤的问题出现了；明目张胆的"四风"问题减少了，但穿着隐身衣的"四风"问题和"两面人"的问题多起来了；文山会海、花拳绣腿的做法减少了，但弄虚作假、欺上瞒下的情况开始露头。仅从中纪委每次发布的党风廉政建设情况通报看，仍然有一些人无视党风政纪、顶风作案，影响极坏。这表明，风气建设具有顽固性和反复性，必须破除骄傲自满、松劲懈怠、停止不前的情绪，深入推进全面从严治党，严防"四风"问题反弹。可以说，当前党风廉政建设进的是"深水区"，除的是"病原体"，打的是"角力仗"，在这决战决胜的关键时期，稍有懈怠就可能功亏一篑。习近平总书记高瞻远瞩、审时度势，强调各级领导干部要系好廉洁"安全带"，非常及时必要。当前，保持反腐败斗争高压态势，必须在革除问题积弊上下功夫、见成效。一是扭住纯净思想、固本培元抓好学习教育。要按照深学、细照、笃行的要求，组织党员干部深入学习习近平总书记系列重要讲话精神，引导大家自觉践行"三严三实"要求，立起修身为官干事的新标杆，争当新时期好干部，做敬法畏纪、遵规守矩的模范；二是坚持聚力攻坚、猛药去疴推进治理整顿。对那些潜规则和习以为常、见怪不怪的问题，要下猛药、下狠心纠治，切实让不良风气无处藏身。要硬起手腕抓、驰而不息纠，挂账对账销账环环紧扣，问题不解决不撒手。要把解决问题的成效作为检验标准，真正形成良好政治生态。三是围绕坚强党性、管好干部严格党内生活。要增强党内生活政治性原则性战斗性，强化党组织管党员管干部，严格落实民主集中制，规范党委决策和工作运行，扎实解决党内生活庸俗化、好人主义等不良风气，坚决纠治用权当"一霸手"、把分管工作搞成"独立王国"等现象。四是始终高压严管、高悬利剑加强督查执纪。领导干部要始终保持高度警觉，坚持从本级抓起、从自身做起，既严格自律又强化督查，切不可大事化小、小事化了，姑息养奸。要综合运用纪检、监察、巡视、财务、审计等多种手段，常态化检查落实中央八项规定精神情况，发现一起查处一起通报一起。特别是对至今仍然不收敛不收手者，必须毫不留情严肃查处，彻底扭转风气。

路漫漫其修远兮，吾将上下而求索。我们要牢记习总书记的嘱托，"领导干部要把好用权'方向盘'，系好廉洁'安全带'。"党和人民的事业前途是光明的，但道路是坎坷曲折的，全面从严治党永远在路上。

（原载：人民网 2017 年 3 月 13 日，作者：徐云鹏）

党政主要负责同志必须撸起袖子抓改革扑下身子抓落实

新年伊始、万象更新。习近平总书记在2017年新年贺词中的"撸起袖子加油干",生动形象、抓住要害,立即成为金句,激奋人心、广泛引用。在最近召开的中央全面深化改革领导小组第三十二次会议上,习近平总书记强调,党政主要负责同志要亲力亲为抓改革、扑下身子抓落实,正是"撸起袖子加油干"的改革要求、领导要求、一把手要求。在全面建成小康社会的决胜阶段、全面深化改革的攻坚阶段,在迎接党的十九大胜利召开的关键时刻,要求党政主要负责同志推进改革挂帅出征,具有重要意义。

一、改革攻坚挂帅出征至关重要

党的十八届三中全会作出全面深化改革的决定已有3

年多,中央全面深化改革领导小组已召开32次会议,各领域具有四梁八柱性质的改革主体框架已经基本确立,改革取得决定性进展。70多年前,我军在解放战争中节节胜利、捷报频传,一个重要原因是各部队的军政指挥员,在毛泽东同志的统一指挥下,率领部队、南征北战,敢打大仗、能打胜仗、勇于担当、能断善谋。今天,夺取全面深化改革的重大胜利,实现"两个一百年"的奋斗目标,同样需要我们的各级党政主要负责同志,在以习近平同志为核心的党中央坚强领导下,站在领导改革的第一线,当好改革攻坚的主攻手。既当好各地各部门改革的设计师、工程师,也当好推进改革的建设者、施工者,既挂帅,也出征。

党是中国特色社会主义事业的领导核心,党治国理政是通过各级党政机关来组织实施的,各级党政主要负责同志对于坚持党的领导、落实治国理政负有重大政治责任,对于改革发展各项事业兴衰成败有着直接关系。全面深化改革是实现"两个一百年"奋斗目标的关键一招,改革能否到位、能否见效、能否成功,关系到中国特色社会主义长治久安,关系到实现中华民族伟大复兴。党政主要负责同志在改革的决策权、主导权、执行权、监督权等方面举足轻重,是抓改革的关键。大事大抓、要事要办,要拿出很大部分的时间和精力谋改革、推改革,亲力亲为、一抓到底。

改革的规律是由浅入深、由易到难,改革越向纵深推进,遇到的硬骨头越多。是攻坚克难、闯关夺隘，还是知难而退、绕道而行，考验着我们党的改革意志、勇气、智慧和能力。在这样的重要关口，更需要各级领导干部特别是党政主要负责同志，以对党的执政使命高度负责的态度，担当起自己的历史使命，书写出无愧于人民的优秀答卷。中国历史上的改革家，"苟利国家生死以，岂因祸福避趋之"，今天，党的高级干部更是要不畏阻力、不惧压力、不计得失，勇于挑最重的担子、啃最硬的骨头，勇做改革攻坚的排头兵。

习近平总书记指出，党政主要负责同志抓改革，具有重要示范作用。一是给一班人作出着力改革的示范作用。党政主要负责同志是党委、政府的领头人，在班子中具有影响力、引领力、控制力，对班子成员的行为取向起着校正效应。一把手推进改革坚定不移，一班人共促改革齐心协力。二是给下级作出率先改革的示范作用。下级看上级、一级看一级，特别是要看上级党政主要负责同志的态度和倾向。上级不动，下级很难动；主官不为，下级很难为。上级党政主要负责同志力推改革，下级就会随之加快改革。三是给群众作出真心改革的示范作用。改革是党和人民的事业，必须依靠群众、动员群众、造福群众。群众的改革积极性创造性需要党和政府的保护和激励，党政主要负责同志真抓改革、改革利民的行动和实效，自然就是为改革增添说服力吸引力。

二、亲力亲为就是全面负责全程负责

党政主要负责同志把改革放在更加突出位置来抓，亲自抓、带头干，进一步强调了全面深化改革党政主要负责同志的责任，就是要对改革决策负责、对改革进展负责、对改革效果负责。

贯彻落实党中央改革决策部署全面全程负责。各级党政主要负责同志在贯彻党中央改革决策部署中，起着重要的承上启下作用，不能出现"中间一公里"、"肠梗阻"现象。维护以习近平同志为核心的党中央权威，一个重要要求，就是要坚决贯彻落实习近平总书记全面深化改革重大战略思想，坚决贯彻落实党中央关于全面深化改革的决定，坚决贯彻落实中央全面深化改革领导小组审议通过的一系列文件，切实做到党中央关于改革的精神要第一时间传达贯彻，党中央部署的改革任务要积极部署落实，党中央提出的重大改革问题要认真研究解决。

解决改革重大问题全面全程负责。改革是一个系统工程，涉及方方面面。党政主要负责同志要在主要问题上体现担当，在统筹全盘、协调各方的基础上，抓住重点、牵引全局，做到"四个亲自"。一是重要改革亲自部署。亲自部署就要下功夫研究思考，使改革方案更加稳妥、更加贴近实际；亲自部署就是以更加重视的姿态，强化信息，该出面时就出面。二是重大方案亲自把关。主要领导不能事必躬亲，但也不能事事委托代理。改革重大方案利害攸关，稍有不慎，便会出现失稳失序。党政主要负责同志亲自把关，就为重大方案的科学性可行性增加了分量，就为防止重大方案的失误增加了保险。三是关键环节亲自协调。改革是社会实践活动，矛盾复杂、利益纠结，有了好的方案，缺少高效执行力，也很难落实。"老大难、老大难，领导重视就不难"，虽然不够准确，但也道出了主要领导解决难题的优势。四是落实情况亲自督察。心中有数，其中就包括对改革方案落实情况的心中有数。主要领导亲自督察，是改革落地的重要举措。有部署、有督察，而且是主要领导亲自督察，加大了改革落地的力度，有效防止了改革中的走过场、做表面文章现象。

坚持改革以人民为中心全面全程负责。亲力亲为，最重要的是为人民改革亲力、为人民谋利亲为。党政主要负责同志改革亲抓实干的动力从何而来，就是从以人民为中心的改革思想中来。改革落实，不仅是要改革举措、政策、法规落实，根本的是要人民利益增长落实。各地各部门改革重点不同、路径不同，但在以人民利益为检验标准上是相同的。党政主要负责同志权力范围不同、支配资源不同，但在为人民谋改革的出发点上是共同的。如果是借改革而谋私、以改革名义掩盖腐败交易，这样的"落实"要不得。

三、创新发展领导改革方法论

全面深化改革，是以习近平同志为核心的党中央的创新实践。领导这样一场新的革命，要在总结我们党近40年领导改革宝贵经验的基础上，结合新的改革实践，创新发展改革方法论。习近平总书记2012年12月31日在中央政治局集体学习时，从战略全局的高度，系统概括了改革开放的成功经验和领导改革方法论。这次在中央全面深化改革领导小组第三十二次会议上提出的党政主要负责同志要亲力亲为抓改革、扑下身子抓落实，实质上就是提出了新形势下领导改革的一条重要方法论，需要认真学习领会、贯彻落实。

党政主要负责同志要亲力亲为抓改革、扑下身子抓落实，突出强调了深化改革的领导主体作用，特别是一把手的作用。怎样亲力亲为、扑下身子，领导改革有自身的要求。在党中央要求和地方部门实际之间，不是照传照套，而是要把二者结合起来，贯彻中央大政方针坚定不移，从本地本部门实际出发创造性地推进改革。这样就形成了符合实际、富有特色、内含新意的改革思路。党政主要负责同志要在研究改革思路上发挥主导作用，把住重要改革方案的质量关，抓关键问题、抓实质内容、抓管用举措，不做华而不实的表面文章。在这些紧要事项上亲力亲为、扑下身子。

党政主要负责同志亲力亲为抓改革、扑下身子抓落实，劲往哪里使，不能单凭主观愿望、领导偏好，而是要把宝贵资源用在节骨眼上。这就要首先取得为什么改、改什么、怎样改的正确认识。领导干部要把调研贯穿改革全过程，做到重要情况、矛盾问题、群众期盼心中有数。认识越是精准，亲力亲为越是见效；出手越是精准，努力越不会落空。特别是对改革举措成效如何，不能满足于泡在会议室听汇报，坐在办公室看材料，而是要取得第一手材料，刨根问底，掌握实情。情况不明决心大，问题不准干劲足，只能是盲打误撞、贻害改革。

　　亲力亲为抓改革、扑下身子抓落实，不仅对领导干部的认识水平提出更高要求，而且对领导干部的意志水平提出更高要求。畏首畏尾、患得患失、怕这怕那，就拿不出实招、抓不出实效。问题摆在那里，症结众所周知，却是绕着矛盾走，多一事不如少一事。习近平总书记要求，看准了的事情，党政主要负责同志要敢于拍板、敢于担当，坚定不移干。对一些重大改革，其他层面协调难度大的，要敢于接烫手山芋，加强统筹协调，做好思想政治工作，营造良好氛围。敢于拍板，是决断力；敢于担当，是意志力；敢于接烫手山芋，是硬骨头。撸起袖子抓改革，扑下身子抓落实，就是要有这样的意志品格、毅力素质、人格底气。

　　（原载：人民网 2017 年 2 月 9 日，作者：温建伦、颜晓峰、化东）

领导干部要做到"五个正确对待"

习近平总书记在庆祝中国共产党成立95周年大会上指出,"伟大的斗争,宏伟的事业,需要高素质干部""以德修身、以德立威、以德服众,是干部成长成才的重要因素"。处于实现振兴崛起关键阶段的山西,构建良好政治生态、推动经济稳步向好、与全国同步全面建成小康社会任务极为艰巨繁重,迫切需要一支心中有党、心中有民、心中有责、心中有戒的干部队伍作保证。各级领导干部要不断锤炼党性修养,提升道德品行,带头做到"五个正确对待"。

正确对待权力。权力是把"双刃剑",用它来干事创业、服务人民,就能创造业绩、造福于民;用它来谋取私利,势必祸国殃民、害人害己。如何对待权力,实质上是权力观问题。我国是人民当家做主的社会主义国家,一切权力来自人民,一切权力属于人民,这是共产党人的正确权力观。党和人民把我们放到领导岗位上,赋予我们一定的权力，是一种信任、一种重托。越是职位高、权力大，越要牢记权力的本质，真正把人民赋予的权力用来为人民服务，绝不能一朝权在手，便把私来谋，忘乎所以，迷失自我。一是要认清权力的公共性，做到秉公用权。领导干部要清醒地认识到手中的权力姓公不姓私，克己奉公、为民用权，绝不能恃权自重、权为私用。二是要认清权力的扩张性，做到依法用权。权力一旦失去约束很难不出轨越界。领导干部必须时刻把牢权力边界，自觉给权力运行"搭顶板""划红线"，始终在制度规矩之内做人做事。三是要认清权责的对等性，做到尽责用权。有权必有责，权力就是责任。领导干部既要敬畏权力、慎用权力，又要履职尽责、敢于担当，真正在其位谋其政、司其职负其责。

正确对待名利。领导干部是人民的公仆，承载着党的使命、人民的期望，要时刻想着如何殚精竭虑、干好事业，绝不能整天斤斤计较个人名利，为名所累、为利所缚。正如习近平总书记所要求的那样，作为党的领导干部，一定要以淡泊之心对待个人名利和权位，以敬畏之心对待肩负的职责和人民的事业，任何情况下都要稳住心神、管住行为、守住清白。领导干部要把个人名利看淡、个人得失看轻，切不可忘记初心、追名逐利、失去本真。要力戒三种不良心态：一是力戒浮躁。不能一看到别人提拔就坐不住，老觉得自己进步慢，牢骚多，也不能"干了两年就想调动，三年不动四处活动"。人生有起落，从政有进退。事业重如山，名利淡如水。

我们无论什么时候都应当把心思和精力聚焦在为党和人民干事创业上,对个人进退留转要有一种平和的心态和豁达的胸襟。二是力戒贪欲。"高飞之鸟,死于贪食;深潭之鱼,死于香饵"。薪水如泉水,涓涓细流,却终身受用;"肥水"如洪水,来势汹涌,有覆溺之虞。要牢记"祸莫大于不知足",心怀信念,涵养定力,管束欲望,保持清正廉洁的政治本色。三是力戒攀比。喜欢和别人攀比身外之物,必然导致心理失衡、私欲膨胀,难免走上违纪违法的邪路。领导干部要在名利上有满足感,在个人品行修养和能力提升上有危机感,多与同志比学习、比工作、比实绩、比奉献,不能比官职、比安逸、比阔气、比享受,多向古往今来的英模学习和看齐,坚定共产党人的价值追求。

正确对待监督。不受监督的权力必然导致腐败。习近平总书记指出,干部应该逐步习惯于在"放大镜"和"聚光灯"下工作。能不能正确对待、自觉接受党和人民监督,是对每一个党员干部党性修养和组织观念的检验。党内不允许有不受监督的特殊党员,领导干部要适应在组织、群众监督下工作和生活。在这方面,有些干部思想上还存在误区,总认为上级监督是对自己"不信任",同级监督是跟自己"过不去",下级监督是给自己"找麻烦",提起监督就反感,受到制约就生气,有的甚至对受组织委托履行监督职能的同志进行打击报复,完全丧失了党员领导干部应有的党性原则。必须深刻认识到,监督是干部政治生涯的"安全阀",是阻止干部越轨的"刹车器",是防止干部蜕变的"防腐剂"。不想接受监督的人、不能自觉接受监督的人,觉得接受监督不自在、不舒服的人,不具备当领导干部的政治素质。领导干部要强化被监督的意识,主动接受监督,真心实意接受监督,对组织、同事和群众指出的问题有则改之、无则加勉,把党和人民的监督视作最大的关心、最好的保护、最真诚的帮助。

正确对待自我。"自知者英,自胜者雄。"人贵有自知之明。清醒认识自我,正确对待自我,才能做到严和实。领导干部必须始终保持谦虚谨慎、不骄不躁的优良作风,尤其注意不要高看自己,不能居功自傲。刘伯承在解放战争期间多次成功指挥重大战役,晋冀鲁豫解放区各界代表把"常胜将军"的横匾送给他,他婉言谢绝道:"说我是常胜将军,我不敢当""没有老百姓给吃给穿给人,军队就不能打仗。"孔繁森有句名言,"老是把自己当珍珠,就会时常有怕被埋没的痛苦,要把自己当成泥土,让众人把你踩成路,就不会被埋没"。领导干部要始终把自己置于组织的领导之下,融入人民群众之中。把自己放低点,把自己那点功劳看低点,才能摆正个人与组织、个人与群众的关系,做到见贤思齐、取长补短,奋发有为、不断进取。有的领导干部做出了一些成绩,就认为本事很高,就感到该提拔重用,向组织讨价还价,目的达不到,则情绪低落、意志消沉,这些都是很不应该也是很可怕的,必须切实加以克服。

正确对待亲情。习近平总书记强调,不论时代发生多大变化，不论生活格局发生多大变化，我们都要重视家庭建设，注重家庭、注重家教、注重家风。弘扬良好家风，关键在正确对待亲情。领导干部对家人要有亲情，但我们讲的情应当是党性原则以内的情，不是无原则的情。山西闻喜县裴柏村被称为"宰相村"，裴氏家族之所以政声显扬、历久不衰，一个重要原因是重家教、严家规，《裴氏家训》中的"立身谨厚、居家勤俭、读书明德、慎重言语、讲求公德""推诚为应物之先，强学为立身之本，节俭为持家之基，清廉为从政之道"等格言警句，至今仍有积极意义。反观现实中一些领导干部违纪违法，很多是祸起"萧墙之内"，经受不住亲情的考验，在"枕边风""膝下风"上栽了跟头。"积善之家必有余庆，积不善之家必有余殃"。共产党人的家庭亲情，一定要摆在对人民群众的深厚感情之下；领导干部关心家人、爱护家庭，一定要坚守遵纪守法、公私分明这条底线。要在严格要求自己的同时，对家属子女严格教育、严格管理、严格约束，对他们身上的错误言行不回避、不纵容、不庇护，共同抵御不良风气的侵蚀，树好党的干部和社会主义家庭的道德标尺。

（原载：《中国组织人事报》2017年2月17日，作者：盛茂林）

高级干部要在遵守和
执行党内政治生活准则上做表率

党的十八届六中全会审议通过的《关于新形势下党内政治生活的若干准则》（以下简称《准则》），对新形势下加强和规范党内政治生活提出了明确要求，其中有20处对高级干部坚定理想信念、坚持党的基本路线、坚决维护党中央权威、严明党的政治纪律等方面提出了特别要求，这是《准则》不同于以往党内法规的一大鲜明特色。这充分说明了高级干部带头贯彻执行《准则》对深入推进全面从严治党的极端重要性。

党的十八大以来，针对一些高级干部在党内政治生活中存在的突出问题，特别是周永康、薄熙来、徐才厚、郭伯雄、令计划等极少数人政治野心膨胀，肆意践踏党章党规党纪，搞结党营私、拉帮结派、牟取权位的政治阴谋活动等严重问题，以习近平同志为核心的党中央一方面以壮士断腕的勇气坚决查处，一方面在治本上进行了很多卓有成效的探索创新，形成了加强党内政治生活的一系列新思想新举措。《准则》正是在总结提炼这些新思想新举措的基础上制定出来的，对于加强党的团结和集中统一、形成良好的党内政治生态、巩固党的执政基础、推动党和人民事业发展有着重大而深远的影响。高级干部要清醒认识自己的岗位对党和国家的特殊重要性，模范遵守党章党规，严守党的政治纪律和政治规矩，坚持不忘初心、继续前进，坚持率先垂范、以上率下，在遵守和执行党内政治生活准则上为全党做出表率。

做坚定理想信念的表率

《准则》把坚定理想信念作为党内政治生活的核心内容，并对高级干部发挥表率作用提出特别要求："高级干部要以实际行动让党员和群众感受到理想信念的强大力量"。高级干部能否坚定理想信念，是全党能否永葆共产党人政治本色的关键。

习近平总书记强调："理想信念动摇是最危险的动摇，理想信念滑坡是最危险的滑坡。"现实中，少数高级干部对共产主义心存怀疑，不信马列信鬼神，有的甚至向往西方社会制度和价值观念。这些问题，说到底是信仰迷茫、精神迷失，必将危及党的坚强领导。因此，《准则》要求全党同志特别是高级干部必须把对马克思主义的信仰、对社会主义和共产主义的信念作为毕生追求，自觉成为共产主义远大理想和中国特色社会主义共同理想的坚定信仰者和忠实实践者，坚定对中国特色社会主义的道路自信、理论自信、制度自信、文化自信。

《准则》强调："高级干部必须自觉抓好学习、增强党性修养。"这是高级干部坚定理想信念的根本前提。高级干部要自觉把马克思主义作为必修课，认真学习马克思列宁主义、毛泽东思想、邓小平理论、"三个代表"重要思想、科学发展观，认真学习习近平总书记系列重要讲话精神，认真学习党章党规，不断提高马克思主义思想觉悟和理论水平。要系统掌握马克思主义基本原理，学会用马克思主义立场、观点、方法观察问题、分析问题、解决问题，特别是要联系实际，注重解决思想问题，不断深化对共产党执政规律、社会主义建设规律、人类社会发展规律的认识，保持对远大理想和奋斗目标的清醒认知和执着追求。要广泛学习经济、政治、文化、社会、生态文明及历史、法律等各方面知识，提高战略思维、历史思维、辩证思维、创新思维、底线思维能力，提高领导能力和水平。

做坚持党的基本路线的表率

《准则》特别强调，"考察识别干部特别是高级干部必须首先看是否坚定不移贯彻党的基本路线""高级干部在大是大非面前不能态度暧昧,不能动摇基本政治立场,不能被错误言论所左右""政治不合格的坚决不用,已在领导岗位的要坚决调整"。把坚持党的基本路线作为高级干部政治上是否合格的标准,是关乎中国特色社会主义方向的重大判断。这就要求高级干部必须把坚持以经济建设为中心同坚持四项基本原则、坚持改革开放这两个基本点统一于中国特色社会主义伟大实践。

全面贯彻执行党的基本路线是一个根本性问题,任何时候都不能有丝毫偏离和动摇。作为高级干部,必须毫不动摇地坚持把以经济建设为中心作为兴国之要、把四项基本原则作为立国之本、把改革开放作为强国之路;必须坚持创新、协调、绿色、开放、共享的发展理念,坚持把党的思想路线贯穿于执行党的基本路线全过程;必须增强政治定力,在大是大非面前不能态度暧昧,不能丧失基本政治立场,旗帜鲜明地坚决反对和抵制一切违背党的基本路线的错误言行,以实际行动捍卫党的基本路线。

做坚决维护党中央权威的表率

《准则》明确指出:"坚决维护党中央权威、保证全党令行禁止,是党和国家前途命运所系,是全国各族人民根本利益所在,也是加强和规范党内政治生活的重要目的。"

维护党中央权威是遵守党的政治纪律的首要和最核心要求，高级干部必须首先做到。

高级干部带头维护党中央权威，党中央才能真正有权威。《准则》强调："全党必须牢固树立政治意识、大局意识、核心意识、看齐意识，自觉在思想上政治上行动上同党中央保持高度一致。"高级干部必须自觉向党中央看齐，向党的理论和路线方针政策看齐，向党中央决策部署看齐，做到党中央提倡的坚决响应、党中央决定的坚决照办、党中央禁止的坚决不做。必须自觉服从党中央领导，认识大局、把握大局、服从大局，自觉在党和国家工作大局下行动。必须自觉反对和防止个人主义、分散主义、自由主义、本位主义，决不允许自行其是、各自为政，决不允许有令不行、有禁不止，决不允许上有政策、下有对策。必须不折不扣贯彻执行党中央的路线方针政策和重大工作部署，确保党中央政令畅通，切实维护党中央权威。

做严明党的政治纪律的表率

《准则》把纪律严明作为党内政治生活的重要内容，并特别指出"政治纪律是党最根本、最重要的纪律，遵守党的政治纪律是遵守党的全部纪律的基础"。全党特别是高级干部必须严格遵守党的政治纪律和政治规矩，最核心的是坚持党的领导，坚决维护党的集中统一。过去一段时间，一些高级干部无视党的政治纪律和政治规矩，对涉及党的理论和路线方针政策的重大政治问题妄加议论，在党内搞团团伙伙、拉帮结派、排除异己。这些问题在党内和社会上造成恶劣影响，给党的事业造成严重损害。

习近平总书记指出："高级干部要牢固树立纪律和规矩意识，在守纪律、讲规矩上作表率。"这就要求高级干部坚持纪律面前一律平等，遵守纪律没有特权，执行纪律没有例外，不做不受纪律约束的特殊党员。要按照习近平总书记的要求和《准则》的规定，坚持以"七个有之"为鉴戒，以"五个必须"为标尺，不准在党内搞小山头、小圈子、小团伙，严禁在党内拉私人关系、培植个人势力、结成利益集团。要对党忠诚老实、光明磊落，说老实话、办老实事、做老实人，如实向党反映和报告情况。对违反政治纪律的苗头性问题要及时提醒和纠正，对违反政治纪律的行为要坚决批评制止，坚决同一切违反党的政治纪律的行为开展斗争，自觉维护党的形象。

做保持党同人民群众血肉联系的表率

《准则》指出"必须把坚持全心全意为人民服务的根本宗旨、保持党同人民群众的血肉联系作为加强和规范党内政治生活的根本要求"，并特别强调"高级干部要以身作则"。我们党在任何时候任何情况下，与人民同呼吸共命运的立场不能变。全党特别是高级干部尤其要坚定贯彻群众路线、站稳群众立场。

习近平总书记指出:"作风建设永远在路上,永远没有休止符,必须抓常、抓细、抓长,持续努力、久久为功。"这就要求高级干部反对"四风"决不能搞"一阵子",必须坚持抓常、抓细、抓长,特别是要防范和查处各种隐性、变异的"四风"问题,使落实中央八项规定精神常态化、长效化。要努力改进思想作风、学风、工作作风、领导作风、干部生活作风,使党的作风全面好起来,使党同人民群众的血肉联系更加紧密。要多到情况复杂、矛盾突出的地方解决问题,千方百计为群众排忧解难。要改进和创新联系群众的方法,倾听群众呼声,密切党群干群关系,着力实现好、维护好、发展好最广大人民根本利益。

做坚持民主集中制原则的表率

《准则》指出:"民主集中制是党的根本组织原则,是党内政治生活正常开展的重要制度保障。"民主集中制贯彻得怎么样,关键看高级干部做得怎么样。

当前,一些高级干部在贯彻民主集中制上既有充分发扬民主不够的问题,也有正确集中不够的问题,但主要是充分发扬民主不够。习近平总书记要求高级干部要自觉做坚持民主集中制的表率。这就要求高级干部带头坚持集体领导,严格按程序办事、按规则办事、按集体意志办事,不搞一言堂甚至家长制,坚决反对和防止个人或少数人专断。要增强全局观念和责任意识,在研究工作时充分发表意见,决策形成后一抓到底,决不违背集体决定自作主张、自行其是。要自觉服从组织分工安排,不能跟组织讨价还价、不服从组织安排,不能把分管工作、分管领域和地方当作"私人领地",不准搞独断专行。在党的工作和活动中,该以组织名义出面就不能以个人名义出面,该集体研究就不能个人擅自表态,不允许用个人主张代替党组织主张、用个人决定代替党组织决定。要带头发扬党内民主,保障党员民主权利,落实党员知情权、参与权、选举权、监督权。必须深入开展调查研究,广泛听取各方面意见和建议,做到科学决策、民主决策、依法决策。

做坚持正确选人用人导向的表率

《准则》强调:"坚持正确选人用人导向,是严肃党内政治生活的组织保证。"选人用人是干部工作的核心问题,是关系党和人民事业的关键性、根本性问题。高级干部能否坚持正确选人用人导向,对全党具有风向标作用。

习近平总书记指出:"用一贤人则群贤毕至,见贤思齐就蔚然成风。"高级干部要按照习近平总书记的要求,把公道正派作为干部工作的核心理念贯穿选人用人全过程。

坚持党章规定的干部条件，坚持德才兼备、以德为先，坚持五湖四海、任人唯贤，恪守信念坚定、为民服务、勤政务实、敢于担当、清正廉洁的好干部标准。要带头执行党的干部政策，自觉防范和纠正用人上的不正之风。任何人都不准把党的干部当作私有财产，党内不准搞人身依附关系。对干部必须既严格教育、严格管理、严格监督，又在政治上、思想上、工作上、生活上真诚关爱，建立容错纠错机制，鼓励干部干事创业、大胆作为，真正使选出来的干部组织放心、群众满意、干部服气。

做严格党的组织生活制度的表率

《准则》明确要求："高级干部必须增强党的意识，时刻牢记自己第一身份是党员。"党的组织生活是党组织对党员进行教育管理监督的重要形式。高级干部要带头严格党的组织生活制度。

习近平总书记指出："一个领导干部强不强、威信高不高，也同是否经过严肃认真的党内政治生活锻炼密切相关。"高级干部增强党的意识，首先要从严格党的组织生活制度、自觉开展批评和自我批评做起。严格党的组织生活制度，必须自觉以普通党员身份参加所在党支部或党小组的组织生活，坚持党员领导干部讲党课制度。要坚持民主生活会和组织生活会制度，坚持谈心谈话制度，强化组织观念，发挥示范作用。自觉开展批评和自我批评，必须带头从谏如流、敢于直言，以批评和自我批评的示范行动引导党员、干部打消自我批评怕丢面子、批评上级怕穿小鞋、批评同级怕伤和气、批评下级怕丢选票等思想顾虑，让批评和自我批评成为党内生活常态，达到咬耳扯袖、红脸出汗、防微杜渐的目的，切实增强党的组织生活活力。

做保持清正廉洁政治本色的表率

《准则》强调："建设廉洁政治，坚决反对腐败，是加强和规范党内政治生活的重要任务。"《准则》用较大篇幅对高级干部保持清正廉洁进行深入阐述、提出专门要求，这反映出中央对反腐倡廉形势的科学判断和准确把握。

高级干部能否保持清正廉洁，对党风政风乃至整个社会风气的走向具有重要影响。习近平总书记指出，高级干部要真正把纪律和规矩挺在前面，严格执行纪律，守住纪律底线，自觉同一切违纪行为作斗争。高级干部要按照这一要求，带头践行社会主义核心价值观，弘扬中华传统美德，讲修养、讲道德、讲廉耻、讲诚信，自觉远离低级趣味。要带头落实中央八项规定精神，带头保持谦虚、谨慎、不骄、不躁的作风，保持艰苦奋斗的作风，不准利用党和人民赋予的权力为自己和他人谋取私利。必须注重家庭、家教、家风问题，教育管理好亲属和身边工作人员。严格执行领导干部个人有关事项报告制度，进一步规范领导干部配偶子女从业行为。禁止利用职权或影响力为家属亲友谋求特殊照顾，禁止领导干部家属亲友插手领导干部职权范围内的工作、插手人事安排。必须坚决同消极腐败现象作斗争，坚决反对潜规则，自觉净化社交圈、生活圈、朋友圈，决不能把商品交换那一套搬到党内政治生活和工作中来。必须正确对待监督，带头接受监督，习惯在监督下开展工作。要牢固树立正确权力观，做到公正用权、依法用权、为民用权、廉洁用权，永葆共产党人拒腐蚀、永不沾的政治本色。

（原载：人民网 2016 年 12 月 7 日，作者：尹蔚民）

做一名有觉悟的领导干部

"面对公和私、义和利、是和非、正和邪、苦和乐的矛盾，是选择前者还是后者，靠的就是觉悟，最终检验的是对党和人民的忠诚。党的领导干部必须讲觉悟、有觉悟。觉悟了，觉悟高了，就能找到自己行为的准星。"习近平总书记在十八届中央纪委七次全会上讲的这段话，语重心长，令人警醒。

领导干部的觉悟，首要的是政治觉悟。革命先烈视死如归、壮怀激烈，不是靠强迫命令，而是靠觉悟。在当今和平年代，没有枪林弹雨，但要做到吃苦在前、享受在后、克己奉公、甘于奉献，也要靠觉悟。怎样提高觉悟？我认为，要在以下几个方面下足功夫。

提高觉悟，必须坚定理想信念，严守政治纪律。这不是空谈，而应该落实在一言一行、一举一动中。从小处看，比如个人升迁，有的人一遇到不顺，就牢骚满腹，抱怨组织，甚至心灰意冷，这是很危险的。干部成长"有快有慢是常态，永远都快是例外"，老实人有时吃亏，但老实人最终不会吃亏。无论何时何地，相信组织、依靠组织、服从组织，这是领导干部应有的觉悟。从大处看，在大是大非面前，必须头脑清醒，立场坚定，自觉站在党和国家大局上想问题、办事情，把中央精神和本地区本部门的实际有机结合起来，将党的大政方针不折不扣落实到位，用实实在在的发展成果，赢得人民群众的认可和拥护。

提高觉悟，必须经常扪心自问，及时修剪欲望的枝杈。人都有七情六欲，但欲望不能膨胀，不能放纵。歌曲《茉莉花》写道："好一朵茉莉花，满园花香香也香不过它，我有心采一朵戴，又怕看花的人将我骂。"这个"怕"，就是有戒，就是有畏惧之心，就是对欲望的修剪。修剪欲望，是一种宝贵的觉悟。心态决定状态，心态失衡，就会导致行为失范。我从多年来的工作实践中感悟到，经常扪心自问是培育良好心态、提高政治觉悟的有效方法：一问党和人民给了我什么，二问我为党和人民做了什么，三问我应该为党和人民做什么。经常问，反复问，可以问出平和，问出差距，问出感恩情怀，问出责任和使命。

高觉悟，必须自觉接受监督，用心履职尽责。有的人说"为官不易"，除了感到工作压力大，还感到"约束"太多，不像过去那样潇洒、滋润。说实话，为官确实不易，为官应该不易，这是由我们党的宗旨决定的。有监督、受约束，是最好的自我保护。我们要正确对待监督，主动接受监督，虚心接受来自方方面面的监督，习惯在有约束的环境中工作生活，习惯在监督、约束中成长。觉悟的高低，往往都是通过做事来体现。每个领导干部都有明确的岗位职责，必须奋发有为，把大事做圆满，把小事做精致，把难事做稳妥，把"分内事"做出高水平，把"分外事"做出高境界。

觉悟的提高，不是一阵子，而是一辈子，要在工作实践中不断磨砺，在党内政治生活大熔炉中不断锻造。唯如此，方可不掉队，方可保名节。

（作者：《人民日报》2017年3月29日，作者：李荐国）

附 录

下 部

附录一

中国共产党廉洁自律准则

中国共产党全体党员和各级党员领导干部必须坚定共产主义理想和中国特色社会主义信念,必须坚持全心全意为人民服务根本宗旨,必须继承发扬党的优良传统和作风,必须自觉培养高尚道德情操,努力弘扬中华民族传统美德,廉洁自律,接受监督,永葆党的先进性和纯洁性。

党员廉洁自律规范

第一条 坚持公私分明,先公后私,克己奉公。
第二条 坚持崇廉拒腐,清白做人,干净做事。
第三条 坚持尚俭戒奢,艰苦朴素,勤俭节约。
第四条 坚持吃苦在前,享受在后,甘于奉献。

党员领导干部廉洁自律规范

第五条 廉洁从政,自觉保持人民公仆本色。
第六条 廉洁用权,自觉维护人民根本利益。
第七条 廉洁修身,自觉提升思想道德境界。
第八条 廉洁齐家,自觉带头树立良好家风。

附录二

中国共产党纪律处分条例

第一编 总 则

第一章 指导思想、原则和适用范围

第一条 为维护党的章程和其他党内法规,严肃党的纪律,纯洁党的组织,保障党员民主权利,教育党员遵纪守法,维护党的团结统一,保证党的路线、方针、政策、决议和国家法律法规的贯彻执行,根据《中国共产党章程》,制定本条例。

第二条 本条例以马克思列宁主义、毛泽东思想、邓小平理论、"三个代表"重要思想、科学发展观为指导,深入贯彻习近平总书记系列重要讲话精神,落实全面从严治党战略部署。

第三条 党章是最根本的党内法规,是管党治党的总

规矩。党的纪律是党的各级组织和全体党员必须遵守的行为规则。党组织和党员必须自觉遵守党章，严格执行和维护党的纪律，自觉接受党的纪律约束，模范遵守国家法律法规。

第四条　党的纪律处分工作应当坚持以下原则：

（一）党要管党、从严治党。加强对党的各级组织和全体党员的教育、管理和监督，把纪律挺在前面，注重抓早抓小。

（二）党纪面前一律平等。对违犯党纪的党组织和党员必须严肃、公正执行纪律，党内不允许有任何不受纪律约束的党组织和党员。

（三）实事求是。对党组织和党员违犯党纪的行为，应当以事实为依据，以党章、其他党内法规和国家法律法规为准绳，准确认定违纪性质，区别不同情况，恰当予以处理。

（四）民主集中制。实施党纪处分，应当按照规定程序经党组织集体讨论决定，不允许任何个人或者少数人擅自决定和批准。上级党组织对违犯党纪的党组织和党员作出的处理决定，下级党组织必须执行。

（五）惩前毖后、治病救人。处理违犯党纪的党组织和党员，应当实行惩戒与教育相结合，做到宽严相济。

第五条　本条例适用于违犯党纪应当受到党纪追究的党组织和党员。

第二章　违纪与纪律处分

第六条　党组织和党员违反党章和其他党内法规，违反国家法律法规，违反党和国家政策，违反社会主义道德，危害党、国家和人民利益的行为，依照规定应当给予纪律处理或者处分的，都必须受到追究。

第七条　对党员的纪律处分种类：

（一）警告；

（二）严重警告；

（三）撤销党内职务；

（四）留党察看；

（五）开除党籍。

第八条　对严重违犯党纪的党组织的纪律处理措施：

（一）改组；

（二）解散。

第九条　党员受到警告处分一年内、受到严重警告处分一年半内，不得在党内提升职务和向党外组织推荐担任高于其原任职务的党外职务。

第十条　撤销党内职务处分，是指撤销受处分党员由党内选举或者组织任命的党内职务。对于在党内担任两个以上职务的，党组织在作处分决定时，应当明确是撤销其一切职务还是某个职务。如果决定撤销其某个职务，必须撤销其担任的最高职务。如果决定撤销其两个以上职务，则必须从其担任的最高职务开始依次撤销。对于在党外组织担任职务的，应当建议党外组织依照规定作出相应处理。

对于应当受到撤销党内职务处分，但是本人没有担任党内职务的，应当给予其严重警告处分。其中，在党外组织担任职务的，应当建议党外组织撤销其党外职务。

党员受到撤销党内职务处分，或者依照前款规定受到严重警告处分的，二年内不得在党内担任和向党外组织推荐担任与其原任职务相当或者高于其原任职务的职务。

第十一条　留党察看处分，分为留党察看一年、留党察看二年。对于受到留党察看处分一年的党员，期满后仍不符合恢复党员权利条件的，应当延长一年留党察看期限。留党察看期限最长不得超过二年。

党员受留党察看处分期间，没有表决权、选举权和被选举权。留党察看期间，确有悔改表现的，期满后恢复其党员权利；坚持不改或者又发现其他应当受到党纪处分的违纪行为的，应当开除党籍。

党员受到留党察看处分，其党内职务自然撤销。对于担任党外职务的，应当建议党外组织撤销其党外职务。受到留党察看处分的党员，恢复党员权利后二年内，不得在党内担任和向党外组织推荐担任与其原任职务相当或者高于其原任职务的职务。

第十二条　党员受到开除党籍处分，五年内不得重新入党。另有规定不准重新入党的，依照规定。

第十三条 党的各级代表大会的代表受到留党察看以上（含留党察看）处分的，党组织应当终止其代表资格。

第十四条 对于严重违犯党纪、本身又不能纠正的党组织领导机构，应当予以改组。受到改组处理的党组织领导机构成员，除应当受到撤销党内职务以上（含撤销党内职务）处分的外，均自然免职。

第十五条 对于全体或者多数党员严重违犯党纪的党组织，应当予以解散。对于受到解散处理的党组织中的党员，应当逐个审查。其中，符合党员条件的，应当重新登记，并参加新的组织过党的生活；不符合党员条件的，应当对其进行教育、限期改正，经教育仍无转变的，予以劝退或者除名；有违纪行为的，依照规定予以追究。

第三章　纪律处分运用规则

第十六条 有下列情形之一的，可以从轻或者减轻处分：

（一）主动交代本人应当受到党纪处分的问题的；

（二）检举同案人或者其他人应当受到党纪处分或者法律追究的问题，经查证属实的；

（三）主动挽回损失、消除不良影响或者有效阻止危害结果发生的；

（四）主动上交违纪所得的；

（五）有其他立功表现的。

第十七条　根据案件的特殊情况，由中央纪委决定或者经省（部）级纪委（不含副省级市纪委）决定并呈报中央纪委批准，对违纪党员也可以在本条例规定的处分幅度以外减轻处分。

第十八条　对于党员违犯党纪应当给予警告或者严重警告处分，但是具有本条例第十六条规定的情形之一或者本条例分则中另有规定的，可以给予批评教育或者组织处理，免予党纪处分。对违纪党员免予处分，应当作出书面结论。

第十九条　有下列情形之一的，应当从重或者加重处分：

（一）在纪律集中整饬过程中，不收敛、不收手的；

（二）强迫、唆使他人违纪的；

（三）本条例另有规定的。

第二十条　故意违纪受处分后又因故意违纪应当受到党纪处分的，应当从重处分。

党员违纪受到党纪处分后，又被发现其受处分前的违纪行为应当受到党纪处分的，应当从重处分。

第二十一条　从轻处分，是指在本条例规定的违纪行为应当受到的处分幅度以内，给予较轻的处分。

从重处分，是指在本条例规定的违纪行为应当受到的处分幅度以内，给予较重的处分。

第二十二条　减轻处分，是指在本条例规定的违纪行为应当受到的处分幅度以外，减轻一档给予处分。

加重处分，是指在本条例规定的违纪行为应当受到的处分幅度以外，加重一档给予处分。

本条例规定的只有开除党籍处分一个档次的违纪行为，不适用第一款减轻处分的规定。

第二十三条 一人有本条例规定的两种以上（含两种）应当受到党纪处分的违纪行为，应当合并处理，按其数种违纪行为中应当受到的最高处分加重一档给予处分；其中一种违纪行为应当受到开除党籍处分的，应当给予开除党籍处分。

第二十四条 一个违纪行为同时触犯本条例两个以上（含两个）条款的，依照处分较重的条款定性处理。

一个条款规定的违纪构成要件全部包含在另一个条款规定的违纪构成要件中，特别规定与一般规定不一致的，适用特别规定。

第二十五条 二人以上（含二人）共同故意违纪的，对为首者，从重处分，本条例另有规定的除外；对其他成员，按照其在共同违纪中所起的作用和应负的责任，分别给予处分。

对于经济方面共同违纪的，按照个人所得数额及其所起作用，分别给予处分。对违纪集团的首要分子，按照集团违纪的总数额处分；对其他共同违纪的为首者，情节严重的，按照共同违纪的总数额处分。

教唆他人违纪的，应当按照其在共同违纪中所起的作用追究党纪责任。

第二十六条　党组织领导机构集体作出违犯党纪的决定或者实施其他违犯党纪的行为，对具有共同故意的成员，按共同违纪处理；对过失违纪的成员，按照各自在集体违纪中所起的作用和应负的责任分别给予处分。

第四章　对违法犯罪党员的纪律处分

第二十七条　党组织在纪律审查中发现党员有贪污贿赂、失职渎职等刑法规定的行为涉嫌犯罪的，应当给予撤销党内职务、留党察看或者开除党籍处分。

第二十八条　党组织在纪律审查中发现党员有刑法规定的行为，虽不涉及犯罪但须追究党纪责任的，应当视具体情节给予警告直至开除党籍处分。

第二十九条　党组织在纪律审查中发现党员有其他违法行为，影响党的形象，损害党、国家和人民利益的，应当视情节轻重给予党纪处分。

对有丧失党员条件，严重败坏党的形象行为的，应当给予开除党籍处分。

第三十条　党员受到党纪追究，涉嫌违法犯罪的，应当及时移送有关国家机关依法处理。需要给予行政处分或者其他纪律处分的，应当向有关机关或者组织提出建议。

第三十一条　党员被依法逮捕的，党组织应当按照管理权限中止其表决权、选举权和被选举权等党员权利。根据司法机关处理结果，可以恢复其党员权利的，应当及时予以恢复。

第三十二条 党员犯罪情节轻微，人民检察院依法作出不起诉决定的，或者人民法院依法作出有罪判决并免予刑事处罚的，应当给予撤销党内职务、留党察看或者开除党籍处分。

党员犯罪，被单处罚金的，依照前款规定处理。

第三十三条 党员犯罪，有下列情形之一的，应当给予开除党籍处分：

（一）因故意犯罪被依法判处刑法规定的主刑（含宣告缓刑）的；

（二）被单处或者附加剥夺政治权利的；

（三）因过失犯罪，被依法判处三年以上（不含三年）有期徒刑的。

因过失犯罪被判处三年以下（含三年）有期徒刑或者被判处管制、拘役的，一般应当开除党籍。对于个别可以不开除党籍的，应当对照处分党员批准权限的规定，报请再上一级党组织批准。

第三十四条 党员依法受到刑事责任追究的，党组织应当根据司法机关的生效判决、裁定、决定及其认定的事实、性质和情节，依照本条例规定给予党纪处分或者组织处理。

党员依法受到行政处罚、行政处分，应当追究党纪责任的，党组织可以根据生效的行政处罚、行政处分决定认定的事实、性质和情节，经核实后依照本条例规定给予党纪处分或者组织处理。

党员违反国家法律法规，违反企事业单位或者其他社会组织的规章制度受到其他纪律处分，应当追究党纪责任的，党组织在对有关方面认定的事实、性质和情节进行核实后，依照本条例规定给予党纪处分或者组织处理。

党组织作出党纪处分或者组织处理决定后，司法机关、行政机关等依法改变原生效判决、裁定、决定等，对原党纪处分或者组织处理决定产生影响的，党组织应当根据改变后的生效判决、裁定、决定等重新作出相应处理。

第五章 其他规定

第三十五条 预备党员违犯党纪，情节较轻，可以保留预备党员资格的，党组织应当对其批评教育或者延长预备期；情节较重的，应当取消其预备党员资格。

第三十六条 对违纪后下落不明的党员，应当区别情况作出处理：

（一）对有严重违纪行为，应当给予开除党籍处分的，党组织应当作出决定，开除其党籍；

（二）除前项规定的情况外，下落不明时间超过六个月的，党组织应当按照党章规定对其予以除名。

第三十七条 违纪党员在党组织作出处分决定前死亡，或者在死亡之后发现其曾有严重违纪行为，对于应当给予开除党籍处分的，开除其党籍；对于应当给予留党察看以下（含留党察看）处分的，作出书面结论，不再给予党纪处分。

第三十八条 违纪行为有关责任人员的区分：

（一）直接责任者，是指在其职责范围内，不履行或者不正确履行自己的职责，对造成的损失或者后果起决定性作用的党员或者党员领导干部。

（二）主要领导责任者，是指在其职责范围内，对直接主管的工作不履行或者不正确履行职责，对造成的损失或者后果负直接领导责任的党员领导干部。

（三）重要领导责任者，是指在其职责范围内，对应管的工作或者参与决定的工作不履行或者不正确履行职责，对造成的损失或者后果负次要领导责任的党员领导干部。

本条例所称领导责任者，包括主要领导责任者和重要领导责任者。

第三十九条 本条例所称主动交代，是指涉嫌违纪的党员在组织初核前向有关组织交代自己的问题，或者在初核和立案调查其问题期间交代组织未掌握的问题。

在初核、立案调查过程中，涉嫌违纪的党员能够配合调查工作，如实坦白组织已掌握的其本人主要违纪事实的，可以从轻处分。

第四十条 计算经济损失主要计算直接经济损失。直接经济损失，是指与违纪行为有直接因果关系而造成财产损毁的实际价值。

第四十一条 对于违纪行为所获得的经济利益，应当收缴或者责令退赔。

对于违纪行为所获得的职务、职称、学历、学位、奖励、资格等其他利益，应当由承办案件的纪检机关或者由其上级纪检机关建议有关组织、部门、单位按照规定予以纠正。

对于依照本条例第三十六条、第三十七条规定处理的党员，经调查确属其实施违纪行为获得的利益，依照本条规定处理。

第四十二条　党纪处分决定作出后，应当在一个月内向受处分党员所在党的基层组织中的全体党员及其本人宣布，并按照干部管理权限和组织关系将处分决定材料归入受处分者档案；对于受到撤销党内职务以上（含撤销党内职务）处分的，还应当在一个月内办理职务、工资等相应变更手续；涉及撤销或者调整其党外职务的，应当建议党外组织及时撤销或者调整其党外职务。特殊情况下，经作出或者批准作出处分决定的组织批准，可以适当延长办理期限。办理期限最长不得超过六个月。

第四十三条　执行党纪处分决定的机关或者受处分党员所在单位，应当在六个月内将处分决定的执行情况向作出或者批准处分决定的机关报告。

第四十四条　本条例总则适用于有党纪处分规定的其他党内法规，但是中共中央发布或者批准发布的其他党内法规有特别规定的除外。

第二编 分 则

第六章 对违反政治纪律行为的处分

第四十五条 通过信息网络、广播、电视、报刊、书籍、讲座、论坛、报告会、座谈会等方式，公开发表坚持资产阶级自由化立场、反对四项基本原则、反对党的改革开放决策的文章、演说、宣言、声明等的，给予开除党籍处分。

发布、播出、刊登、出版前款所列文章、演说、宣言、声明等或者为上述行为提供方便条件的，对直接责任者和领导责任者，给予严重警告或者撤销党内职务处分；情节严重的，给予留党察看或者开除党籍处分。

第四十六条 通过信息网络、广播、电视、报刊、书籍、讲座、论坛、报告会、座谈会等方式，有下列行为之一，情节较轻的，给予警告或者严重警告处分；情节较重的，给予撤销党内职务或者留党察看处分；情节严重的，给予开除党籍处分：

（一）公开发表违背四项基本原则，违背、歪曲党的改革开放决策，或者其他有严重政治问题的文章、演说、宣言、声明等的；

（二）妄议中央大政方针，破坏党的集中统一的；

（三）丑化党和国家形象，或者诋毁、诬蔑党和国家领导人，或者歪曲党史、军史的。

发布、播出、刊登、出版前款所列内容或者为上述行为提供方便条件的,对直接责任者和领导责任者,给予严重警告或者撤销党内职务处分;情节严重的,给予留党察看或者开除党籍处分。

第四十七条 制作、贩卖、传播第四十五条、第四十六条所列内容之一的书刊、音像制品、电子读物、网络音视频资料等,情节较轻的,给予警告或者严重警告处分;情节较重的,给予撤销党内职务或者留党察看处分;情节严重的,给予开除党籍处分。

私自携带、寄递第四十五条、第四十六条所列内容之一的书刊、音像制品、电子读物等入出境,情节较重的,给予警告或者严重警告处分;情节严重的,给予撤销党内职务、留党察看或者开除党籍处分。

第四十八条 组织、参加反对党的基本理论、基本路线、基本纲领、基本经验、基本要求或者重大方针政策的集会、游行、示威等活动的,或者以组织讲座、论坛、报告会、座谈会等方式,反对党的基本理论、基本路线、基本纲领、基本经验、基本要求或者重大方针政策,造成严重不良影响的,对策划者、组织者和骨干分子,给予开除党籍处分。

对其他参加人员或者以提供信息、资料、财物、场地等方式支持上述活动者,情节较轻的,给予警告或者严重警告处分;情节较重的,给予撤销党内职务或者留党察看处分;情节严重的,给予开除党籍处分。

对不明真相被裹挟参加,经批评教育后确有悔改表现的，可以免予处分或者不予处分。

未经组织批准参加其他集会、游行、示威等活动，情节较轻的，给予警告或者严重警告处分；情节较重的，给予撤销党内职务或者留党察看处分；情节严重的，给予开除党籍处分。

第四十九条 组织、参加旨在反对党的领导、反对社会主义制度或者敌视政府等组织的，对策划者、组织者和骨干分子，给予开除党籍处分。

对其他参加人员，情节较轻的，给予警告或者严重警告处分；情节较重的，给予撤销党内职务或者留党察看处分；情节严重的，给予开除党籍处分。

第五十条 组织、参加会道门或者邪教组织的，对策划者、组织者和骨干分子，给予开除党籍处分。

对其他参加人员，情节较轻的，给予警告或者严重警告处分；情节较重的，给予撤销党内职务或者留党察看处分；情节严重的，给予开除党籍处分。

对不明真相的参加人员，经批评教育后确有悔改表现的，可以免予处分或者不予处分。

第五十一条 在党内组织秘密集团或者组织其他分裂党的活动的，给予开除党籍处分。

参加秘密集团或者参加其他分裂党的活动的，给予留党察看或者开除党籍处分。

第五十二条 在党内搞团团伙伙、结党营私、拉帮结派、培植私人势力或者通过搞利益交换、为自己营造声势等活动捞取政治资本的，给予严重警告或者撤销党内职务处分；情节严重的，给予留党察看或者开除党籍处分。

第五十三条　有下列行为之一的，对直接责任者和领导责任者，给予严重警告或者撤销党内职务处分；情节严重的，给予留党察看或者开除党籍处分：

（一）拒不执行党和国家的方针政策以及决策部署的；

（二）故意作出与党和国家的方针政策以及决策部署相违背的决定的；

（三）擅自对应当由中央决定的重大政策问题作出决定和对外发表主张的。

第五十四条　挑拨民族关系制造事端或者参加民族分裂活动的，对策划者、组织者和骨干分子，给予开除党籍处分。

对其他参加人员，情节较轻的，给予警告或者严重警告处分；情节较重的，给予撤销党内职务或者留党察看处分；情节严重的，给予开除党籍处分。

对不明真相被裹挟参加，经批评教育后确有悔改表现的，可以免予处分或者不予处分。

有其他违反党和国家民族政策的行为，情节较轻的，给予警告或者严重警告处分；情节较重的，给予撤销党内职务或者留党察看处分；情节严重的，给予开除党籍处分。

第五十五条　组织、利用宗教活动反对党的路线、方针、政策和决议，破坏民族团结的，对策划者、组织者和骨干分子，给予留党察看或者开除党籍处分。

对其他参加人员，情节较轻的，给予警告或者严重警告处分；情节较重的，给予撤销党内职务或者留党察看处分；情节严重的，给予开除党籍处分。

对不明真相被裹挟参加，经批评教育后确有悔改表现的，可以免予处分或者不予处分。

有其他违反党和国家宗教政策的行为，情节较轻的，给予警告或者严重警告处分；情节较重的，给予撤销党内职务或者留党察看处分；情节严重的，给予开除党籍处分。

第五十六条　组织、利用宗族势力对抗党和政府，妨碍党和国家的方针政策以及决策部署的实施，或者破坏党的基层组织建设的，对策划者、组织者和骨干分子，给予留党察看或者开除党籍处分。

对其他参加人员，情节较轻的，给予警告或者严重警告处分；情节较重的，给予撤销党内职务或者留党察看处分；情节严重的，给予开除党籍处分。

对不明真相被裹挟参加，经批评教育后确有悔改表现的，可以免予处分或者不予处分。

第五十七条　对抗组织审查，有下列行为之一的，给予警告或者严重警告处分；情节较重的，给予撤销党内职务或者留党察看处分；情节严重的，给予开除党籍处分：

（一）串供或者伪造、销毁、转移、隐匿证据的；

（二）阻止他人揭发检举、提供证据材料的；

（三）包庇同案人员的；

（四）向组织提供虚假情况，掩盖事实的；

（五）有其他对抗组织审查行为的。

第五十八条　组织迷信活动的，给予撤销党内职务或者留党察看处分；情节严重的，给予开除党籍处分。

参加迷信活动，造成不良影响的，给予警告或者严重警告处分；情节较重的，给予撤销党内职务或者留党察看处分；情节严重的，给予开除党籍处分。

对不明真相的参加人员，经批评教育后确有悔改表现的，可以免予处分或者不予处分。

第五十九条　在国（境）外、外国驻华使（领）馆申请政治避难，或者违纪后逃往国（境）外、外国驻华使（领）馆的，给予开除党籍处分。

在国（境）外公开发表反对党和政府的文章、演说、宣言、声明等的，依照前款规定处理。

故意为上述行为提供方便条件的，给予留党察看或者开除党籍处分。

第六十条　在涉外活动中，其言行在政治上造成恶劣影响，损害党和国家尊严、利益的，给予撤销党内职务或者留党察看处分；情节严重的，给予开除党籍处分。

第六十一条　党员领导干部对违反政治纪律和政治规矩等错误思想和行为放任不管，搞无原则一团和气，造成不良影响的，给予警告或者严重警告处分；情节严重的，给予撤销党内职务或者留党察看处分。

第六十二条　违反党的优良传统和工作惯例等党的规矩，在政治上造成不良影响的，给予警告或者严重警告处分；情节较重的，给予撤销党内职务或者留党察看处分；情节严重的，给予开除党籍处分。

第七章　对违反组织纪律行为的处分

第六十三条　违反民主集中制原则，拒不执行或者擅自改变党组织作出的重大决定，或者违反议事规则，个人或者少数人决定重大问题的，给予警告或者严重警告处分；情节严重的，给予撤销党内职务或者留党察看处分。

第六十四条　下级党组织拒不执行或者擅自改变上级党组织决定的，对直接责任者和领导责任者，给予警告或者严重警告处分；情节严重的，给予撤销党内职务或者留党察看处分。

第六十五条　拒不执行党组织的分配、调动、交流等决定的，给予警告、严重警告或者撤销党内职务处分。

在特殊时期或者紧急状况下，拒不执行党组织决定的，给予留党察看或者开除党籍处分。

第六十六条　不按照有关规定或者工作要求，向组织请示报告重大问题、重要事项的，给予警告或者严重警告处分；情节严重的，给予撤销党内职务或留党察看处分。

不按要求报告或者不如实报告个人去向，情节较重的，给予警告或者严重警告处分。

第六十七条 有下列行为之一，情节较重的，给予警告或者严重警告处分：

（一）违反个人有关事项报告规定，不报告、不如实报告的；

（二）在组织进行谈话、函询时，不如实向组织说明问题的；

（三）不如实填报个人档案资料的。

篡改、伪造个人档案资料的，给予严重警告处分；情节严重的，给予撤销党内职务或者留党察看处分。

隐瞒入党前严重错误的，一般应当予以除名；对入党后表现尚好的，给予严重警告、撤销党内职务或者留党察看处分。

第六十八条 党员领导干部违反有关规定组织、参加自发成立的老乡会、校友会、战友会等，情节严重的，给予警告、严重警告或者撤销党内职务处分。

第六十九条 诬告陷害他人意在使他人受纪律追究的，给予警告或者严重警告处分；情节较重的，给予撤销党内职务或者留党察看处分；情节严重的，给予开除党籍处分。

第七十条 侵犯党员的表决权、选举权和被选举权，情节较重的，给予警告或者严重警告处分；情节严重的，给予撤销党内职务处分。

以强迫、威胁、欺骗、拉拢等手段，妨害党员自主行使表决权、选举权和被选举权的，给予撤销党内职务、留党察看或者开除党籍处分。

第七十一条 有下列行为之一的，给予警告或者严重警告处分；情节较重的，给予撤销党内职务或者留党察看处分；情节严重的，给予开除党籍处分：

（一）对批评、检举、控告进行阻挠、压制，或者将批评、检举、控告材料私自扣压、销毁，或者故意将其泄露给他人的；

（二）对党员的申辩、辩护、作证等进行压制，造成不良后果的；

（三）压制党员申诉，造成不良后果的，或者不按照有关规定处理党员申诉的；

（四）有其他侵犯党员权利行为，造成不良后果的。

对批评人、检举人、控告人、证人及其他人员打击报复的，依照前款规定从重或者加重处分。

党组织有上述行为的，对直接责任者和领导责任者，依照第一款规定处理。

第七十二条 有下列行为之一的，给予警告或者严重警告处分；情节较重的，给予撤销党内职务或者留党察看处分；情节严重的，给予开除党籍处分：

（一）在民主推荐、民主测评、组织考察和党内选举中搞拉票、助选等非组织活动的；

（二）在法律规定的投票、选举活动中违背组织原则搞非组织活动，组织、怂恿、诱使他人投票、表决的；

（三）在选举中进行其他违反党章、其他党内法规和有关章程活动的。

第七十三条　在干部选拔任用工作中，违反干部选拔任用规定，对直接责任者和领导责任者，情节较轻的，给予警告或者严重警告处分；情节较重的，给予撤销党内职务或者留党察看处分；情节严重的，给予开除党籍处分。

用人失察失误造成严重后果的，对直接责任者和领导责任者，依照前款规定处理。

第七十四条　在干部、职工的录用、考核、职务晋升、职称评定和征兵、安置复转军人等工作中，隐瞒、歪曲事实真相，或者利用职权或者职务上的影响违反有关规定为本人或者其他人谋取利益的，给予警告或者严重警告处分；情节较重的，给予撤销党内职务或者留党察看处分；情节严重的，给予开除党籍处分。

弄虚作假，骗取职务、职级、职称、待遇、资格、学历、学位、荣誉或者其他利益的，依照前款规定处理。

第七十五条　违反党章和其他党内法规的规定，采取弄虚作假或者其他手段把不符合党员条件的人发展为党员，或者为非党员出具党员身份证明的，对直接责任者和领导责任者，给予警告或者严重警告处分；情节严重的，给予撤销党内职务处分。

违反有关规定程序发展党员的,对直接责任者和领导责任者,依照前款规定处理。

第七十六条 违反有关规定取得外国国籍或者获取国(境)外永久居留资格、长期居留许可的,给予撤销党内职务、留党察看或者开除党籍处分。

第七十七条 违反有关规定办理因私出国(境)证件、前往港澳通行证,或者未经批准出入国(边)境,情节较轻的,给予警告或者严重警告处分;情节较重的,给予撤销党内职务处分;情节严重的,给予留党察看处分。

第七十八条 驻外机构或者临时出国(境)团(组)中的党员擅自脱离组织,或者从事外事、机要、军事等工作的党员违反有关规定同国(境)外机构、人员联系和交往的,给予警告、严重警告或者撤销党内职务处分。

第七十九条 驻外机构或者临时出国(境)团(组)中的党员,脱离组织出走时间不满六个月又自动回归的,给予撤销党内职务或者留党察看处分;脱离组织出走时间超过六个月的,按照自行脱党处理,党内予以除名。

故意为他人脱离组织出走提供方便条件的,给予警告、严重警告或者撤销党内职务处分。

第八章 对违反廉洁纪律行为的处分

第八十条 利用职权或者职务上的影响为他人谋取利益,本人的配偶、子女及其配偶等亲属和其他特定关系人收受对方财物，情节较重的，给予警告或者严重警告处分；情节严重的，给予撤销党内职务、留党察看或者开除党籍处分。

第八十一条　相互利用职权或者职务上的影响为对方及其配偶、子女及其配偶等亲属、身边工作人员和其他特定关系人谋取利益搞权权交易的，给予警告或者严重警告处分；情节较重的，给予撤销党内职务或者留党察看处分；情节严重的，给予开除党籍处分。

第八十二条　纵容、默许配偶、子女及其配偶等亲属和身边工作人员利用党员干部本人职权或者职务上的影响谋取私利，情节较轻的，给予警告或者严重警告处分；情节较重的，给予撤销党内职务或者留党察看处分；情节严重的，给予开除党籍处分。

党员干部的配偶、子女及其配偶不实际工作而获取薪酬或者虽实际工作但领取明显超出同职级标准薪酬，党员干部知情未予纠正的，依照前款规定处理。

第八十三条　收受可能影响公正执行公务的礼品、礼金、消费卡等，情节较轻的，给予警告或者严重警告处分；情节较重的，给予撤销党内职务或者留党察看处分；情节严重的，给予开除党籍处分。

收受其他明显超出正常礼尚往来的礼品、礼金、消费卡等的，依照前款规定处理。

第八十四条　向从事公务的人员及其配偶、子女及其配偶等亲属和其他特定关系人赠送明显超出正常礼尚往来的礼品、礼金、消费卡等,情节较重的,给予警告或者严重警告处分;情节严重的,给予撤销党内职务或者留党察看处分。

第八十五条 利用职权或者职务上的影响操办婚丧喜庆事宜,在社会上造成不良影响的,给予警告或者严重警告处分;情节严重的,给予撤销党内职务处分。

在操办婚丧喜庆事宜中,借机敛财或者有其他侵犯国家、集体和人民利益行为的,依照前款规定从重或者加重处分,直至开除党籍。

第八十六条 接受可能影响公正执行公务的宴请或者旅游、健身、娱乐等活动安排,情节较重的,给予警告或者严重警告处分;情节严重的,给予撤销党内职务或者留党察看处分。

第八十七条 违反有关规定取得、持有、实际使用运动健身卡、会所和俱乐部会员卡、高尔夫球卡等各种消费卡,或者违反有关规定出入私人会所,情节较重的,给予警告或者严重警告处分;情节严重的,给予撤销党内职务或者留党察看处分。

第八十八条 违反有关规定从事营利活动,有下列行为之一,情节较轻的,给予警告或者严重警告处分;情节较重的,给予撤销党内职务或者留党察看处分;情节严重的,给予开除党籍处分:

（一）经商办企业的；

（二）拥有非上市公司（企业）的股份或者证券的；

（三）买卖股票或者进行其他证券投资的；

（四）从事有偿中介活动的；

（五）在国（境）外注册公司或者投资入股的；

（六）有其他违反有关规定从事营利活动的。

利用职权或者职务上的影响，为本人配偶、子女及其配偶等亲属和其他特定关系人的经营活动谋取利益的，依照前款规定处理。

违反有关规定在经济实体、社会团体等单位中兼职，或者经批准兼职但获取薪酬、奖金、津贴等额外利益的，依照第一款规定处理。

第八十九条　党员领导干部离职或者退（离）休后违反有关规定接受原任职务管辖的地区和业务范围内的企业和中介机构的聘任，或者个人从事与原任职务管辖业务相关的营利活动，情节较轻的，给予警告或者严重警告处分；情节较重的，给予撤销党内职务处分；情节严重的，给予留党察看处分。

党员领导干部离职或者退（离）休后违反有关规定担任上市公司、基金管理公司独立董事、独立监事等职务，情节较轻的，给予警告或者严重警告处分；情节较重的，给予撤销党内职务处分；情节严重的，给予留党察看处分。

第九十条　党员领导干部的配偶、子女及其配偶，违反有关规定在该党员领导干部管辖的区域或者业务范围内从事可能影响其公正执行公务的经营活动，或者在该党员领导干部管辖的区域或者业务范围内的外商独资企业、中外合资企业中担任由外方委派、聘任的高级职务的，该党员领导干部应当按照规定予以纠正；拒不纠正的，其本人应当辞去现任职务或者由组织予以调整职务；不辞去现任职务或者不服从组织调整职务的，给予撤销党内职务处分。

第九十一条　党和国家机关违反有关规定经商办企业的，对直接责任者和领导责任者，给予警告或者严重警告处分；情节严重的，给予撤销党内职务处分。

第九十二条　党员领导干部违反工作、生活保障制度，在交通、医疗、警卫等方面为本人、配偶、子女及其配偶等亲属和其他特定关系人谋求特殊待遇，情节较重的，给予警告或者严重警告处分；情节严重的，给予撤销党内职务或者留党察看处分。

第九十三条　在分配、购买住房中侵犯国家、集体利益，情节较轻的，给予警告或者严重警告处分；情节较重的，给予撤销党内职务或者留党察看处分；情节严重的，给予开除党籍处分。

第九十四条　利用职权或者职务上的影响，侵占非本人经管的公私财物，或者以象征性地支付钱款等方式侵占公私财物，或者无偿、象征性地支付报酬接受服务、使用劳务，情节较轻的，给予警告或者严重警告处分；情节较重的，给予撤销党内职务或者留党察看处分；情节严重的，给予开除党籍处分。

利用职权或者职务上的影响，将本人、配偶、子女及其配偶等亲属应当由个人支付的费用，由下属单位、其他单位或者他人支付、报销的，依照前款规定处理。

第九十五条 利用职权或者职务上的影响，违反有关规定占用公物归个人使用，时间超过六个月，情节较重的，给予警告或者严重警告处分；情节严重的，给予撤销党内职务处分。

占用公物进行营利活动的，给予警告或者严重警告处分；情节较重的，给予撤销党内职务或留党察看处分；情节严重的，给予开除党籍处分。

将公物借给他人进行营利活动的，依照前款规定处理。

第九十六条 违反有关规定组织、参加用公款支付的宴请、高消费娱乐、健身活动，或者用公款购买赠送、发放礼品，对直接责任者和领导责任者，情节较轻的，给予警告或者严重警告处分；情节较重的，给予撤销党内职务或者留党察看处分；情节严重的，给予开除党籍处分。

第九十七条 违反有关规定自定薪酬或者滥发津贴、补贴、奖金等，对直接责任者和领导责任者，情节较轻的，给予警告或者严重警告处分；情节较重的，给予撤销党内职务或者留党察看处分；情节严重的，给予开除党籍处分。

第九十八条 有下列行为之一，对直接责任者和领导责任者，情节较轻的，给予警告或者严重警告处分；情节较重的，给予撤销党内职务或者留党察看处分；情节严重的，给予开除党籍处分：

（一）用公款旅游、借公务差旅之机旅游或者以公务差旅为名变相旅游的；

（二）以考察、学习、培训、研讨、招商、参展等名义变相用公款出国（境）旅游的。

第九十九条　违反公务接待管理规定，超标准、超范围接待或者借机大吃大喝，对直接责任者和领导责任者，情节较重的，给予警告或者严重警告处分；情节严重的，给予撤销党内职务处分。

第一百条　违反有关规定配备、购买、更换、装饰、使用公务用车或者有其他违反公务用车管理规定的行为，对直接责任者和领导责任者，情节较重的，给予警告或者严重警告处分；情节严重的，给予撤销党内职务或者留党察看处分。

第一百零一条　违反会议活动管理规定，有下列行为之一，对直接责任者和领导责任者，情节较重的，给予警告或者严重警告处分；情节严重的，给予撤销党内职务处分：

（一）到禁止召开会议的风景名胜区开会的；

（二）决定或者批准举办各类节会、庆典活动的。

擅自举办评比达标表彰活动或者借评比达标表彰活动收取费用的，依照前款规定处理。

第一百零二条　违反办公用房管理规定,有下列行为之一,对直接责任者和领导责任者,情节较重的,给予警告或者严重警告处分;情节严重的,给予撤销党内职务处分:

(一)决定或者批准兴建、装修办公楼、培训中心等楼堂馆所,超标准配备、使用办公用房的;

(二)用公款包租、占用客房或者其他场所供个人使用的。

第一百零三条　搞权色交易或者给予财物搞钱色交易的,给予警告或者严重警告处分;情节较重的,给予撤销党内职务或者留党察看处分;情节严重的,给予开除党籍处分。

第一百零四条　有其他违反廉洁纪律规定行为的,应当视具体情节给予警告直至开除党籍处分。

第九章　对违反群众纪律行为的处分

第一百零五条　有下列行为之一,对直接责任者和领导责任者,情节较轻的,给予警告或者严重警告处分;情节较重的,给予撤销党内职务或者留党察看处分;情节严重的,给予开除党籍处分:

(一)超标准、超范围向群众筹资筹劳、摊派费用,加重群众负担的;

(二)违反有关规定扣留、收缴群众款物或者处罚群众的;

（三）克扣群众财物，或者违反有关规定拖欠群众钱款的；

（四）在管理、服务活动中违反有关规定收取费用的；

（五）在办理涉及群众事务时刁难群众、吃拿卡要的；

（六）有其他侵害群众利益行为的。

第一百零六条 干涉群众生产经营自主权，致使群众财产遭受较大损失的，对直接责任者和领导责任者，给予警告或者严重警告处分；情节严重的，给予撤销党内职务或者留党察看处分。

第一百零七条 在社会保障、政策扶持、救灾救济款物分配等事项中优亲厚友、明显有失公平的，给予警告或者严重警告处分；情节严重的，给予撤销党内职务或者留党察看处分。

第一百零八条 有下列行为之一，对直接责任者和领导责任者，情节较重的，给予警告或者严重警告处分；情节严重的，给予撤销党内职务或者留党察看处分：

（一）对涉及群众生产、生活等切身利益的问题依照政策或者有关规定能解决而不及时解决，造成不良影响的；

（二）对符合政策的群众诉求消极应付、推诿扯皮，损害党群、干群关系的；

（三）对待群众态度恶劣、简单粗暴，造成不良影响的；

（四）弄虚作假，欺上瞒下，损害群众利益的。

第一百零九条 不顾群众意愿，盲目铺摊子、上项目，致使国家、集体或者群众财产和利益遭受较大损失的，对直接责任者和领导责任者，给予警告或者严重警告处分；情节严重的，给予撤销党内职务或者留党察看处分。

第一百一十条　遇到国家财产和群众生命财产受到严重威胁时，能救而不救，情节较重的，给予警告、严重警告或者撤销党内职务处分；情节严重的，给予留党察看或者开除党籍处分。

第一百一十一条　不按照规定公开党务、政务、厂务、村(居)务等，侵犯群众知情权，对直接责任者和领导责任者，情节较重的，给予警告或者严重警告处分；情节严重的，给予撤销党内职务或者留党察看处分。

第一百一十二条　有其他违反群众纪律规定行为的，应当视具体情节给予警告直至开除党籍处分。

第十章　对违反工作纪律行为的处分

第一百一十三条　党组织负责人在工作中不负责任或者疏于管理，有下列情形之一，给党、国家和人民利益以及公共财产造成较大损失的，对直接责任者和领导责任者，给予警告或者严重警告处分；造成重大损失的，给予撤销党内职务、留党察看或者开除党籍处分：

（一）不传达贯彻、不检查督促落实党和国家的方针政策以及决策部署，或者作出违背党和国家方针政策以及决策部署的错误决策的；

（二）本地区、本部门、本系统和本单位发生公开反对党的基本理论、基本路线、基本纲领、基本经验、基本要求或者党和国家方针政策以及决策部署行为的。

第一百一十四条 党组织不履行全面从严治党主体责任或者履行全面从严治党主体责任不力，造成严重损害或者严重不良影响的，对直接责任者和领导责任者，给予警告或者严重警告处分；情节严重的，给予撤销党内职务或者留党察看处分。

第一百一十五条 党组织有下列行为之一，对直接责任者和领导责任者，情节较重的，给予警告或者严重警告处分；情节严重的，给予撤销党内职务或者留党察看处分：

（一）党员被依法判处刑罚后，不按照规定给予党纪处分，或者对违反国家法律法规的行为，应当给予党纪处分而不处分的；

（二）党纪处分决定或者申诉复查决定作出后，不按照规定落实决定中关于被处分人党籍、职务、职级、待遇等事项的；

（三）党员受到党纪处分后，不按照干部管理权限和组织关系对受处分党员开展日常教育、管理和监督工作的。

第一百一十六条 因工作不负责任致使所管理的人员叛逃的，对直接责任者和领导责任者，给予警告或者严重警告处分；情节严重的，给予撤销党内职务处分。

因工作不负责任致使所管理的人员出走，对直接责任者和领导责任者,情节较重的,给予警告或者严重警告处分;情节严重的,给予撤销党内职务处分。

第一百一十七条 在上级单位检查、视察工作或者向上级单位汇报、报告工作时对应当报告的事项不报告或者不如实报告,造成严重损害或者严重不良影响的,对直接责任者和领导责任者,给予警告或者严重警告处分;情节严重的,给予撤销党内职务或者留党察看处分。

第一百一十八条 党员领导干部违反有关规定干预和插手市场经济活动,有下列行为之一,造成不良影响的,给予警告或者严重警告处分;情节较重的,给予撤销党内职务或者留党察看处分;情节严重的,给予开除党籍处分:

（一）干预和插手建设工程项目承发包、土地使用权出让、政府采购、房地产开发与经营、矿产资源开发利用、中介机构服务等活动的;

（二）干预和插手国有企业重组改制、兼并、破产、产权交易、清产核资、资产评估、资产转让、重大项目投资以及其他重大经营活动等事项的;

（三）干预和插手批办各类行政许可和资金借贷等事项的;

（四）干预和插手经济纠纷的;

（五）干预和插手集体资金、资产和资源的使用、分配、承包、租赁等事项的。

第一百一十九条　党员领导干部违反有关规定干预和插手司法活动、执纪执法活动，向有关地方或者部门打招呼、说情，或者以其他方式对司法活动、执纪执法活动施加影响，情节较轻的，给予严重警告处分；情节较重的，给予撤销党内职务或者留党察看处分；情节严重的，给予开除党籍处分。

党员领导干部违反有关规定干预和插手公共财政资金分配、项目立项评审、政府奖励表彰等活动，造成重大损失或者不良影响的，依照前款规定处理。

第一百二十条　泄露、扩散或者窃取党组织关于干部选拔任用、纪律审查等尚未公开事项或者其他应当保密的内容的，给予警告或者严重警告处分；情节较重的，给予撤销党内职务或者留党察看处分；情节严重的，给予开除党籍处分。

私自留存涉及党组织关于干部选拔任用、纪律审查等方面资料，情节较重的，给予警告或者严重警告处分；情节严重的，给予撤销党内职务处分。

第一百二十一条　在考试、录取工作中，有泄露试题、考场舞弊、涂改考卷、违规录取等违反有关规定行为的，给予警告或者严重警告处分；情节较重的，给予撤销党内职务或者留党察看处分；情节严重的，给予开除党籍处分。

第一百二十二条　以不正当方式谋求本人或者其他人

用公款出国（境），情节较轻的，给予警告处分；情节较重的，给予严重警告处分；情节严重的，给予撤销党内职务处分。

第一百二十三条　临时出国（境）团（组）或者人员中的党员，擅自延长在国（境）外期限，或者擅自变更路线的，对直接责任者和领导责任者，给予警告或者严重警告处分；情节严重的，给予撤销党内职务处分。

第一百二十四条　驻外机构或者临时出国（境）团（组）中的党员，触犯驻在国家、地区的法律、法令或者不尊重驻在国家、地区的宗教习俗，情节较重的，给予警告或者严重警告处分；情节严重的，给予撤销党内职务、留党察看或者开除党籍处分。

第一百二十五条　在党的纪律检查、组织、宣传、统一战线工作以及机关工作等其他工作中，不履行或者不正确履行职责，造成损失或者不良影响的，应当视具体情节给予警告直至开除党籍处分。

第十一章　对违反生活纪律行为的处分

第一百二十六条　生活奢靡、贪图享乐、追求低级趣味，造成不良影响的，给予警告或者严重警告处分；情节严重的，给予撤销党内职务处分。

第一百二十七条　与他人发生不正当性关系，造成不良影响的，给予警告或者严重警告处分；情节较重的，给予撤销党内职务或者留党察看处分；情节严重的，给予开除党籍处分。

利用职权、教养关系、从属关系或者其他相类似关系与他人发生性关系的，依照前款规定从重处分。

第一百二十八条 违背社会公序良俗，在公共场所有不当行为，造成不良影响的，给予警告或者严重警告处分；情节较重的，给予撤销党内职务或者留党察看处分；情节严重的，给予开除党籍处分。

第一百二十九条 有其他严重违反社会公德、家庭美德行为的，应当视具体情节给予警告直至开除党籍处分。

第三编 附 则

第一百三十条 各省、自治区、直辖市党委可以根据本条例，结合各自工作的实际情况，制定单项实施规定。

第一百三十一条 中央军事委员会可以根据本条例，结合中国人民解放军和中国人民武装警察部队的实际情况，制定补充规定或者单项规定。

第一百三十二条 本条例由中央纪律检查委员会负责解释。

第一百三十三条 本条例自2016年1月1日起施行。

本条例施行前，已结案的案件如需进行复查复议，适用当时的规定或者政策。尚未结案的案件，如果行为发生时的规定或者政策不认为是违纪,而本条例认为是违纪的,依照当时的规定或者政策处理;如果行为发生时的规定或者政策认为是违纪的,依照当时的规定或者政策处理,但是如果本条例不认为是违纪或者处理较轻的,依照本条例规定处理。

附录三

中国共产党问责条例

(中共中央,2016年7月)

第一条 为全面从严治党,规范和强化党的问责工作,根据《中国共产党章程》,制定本条例。

第二条 党的问责工作以马克思列宁主义、毛泽东思想、邓小平理论、"三个代表"重要思想、科学发展观为指导,深入贯彻习近平总书记系列重要讲话精神,围绕协调推进"四个全面"战略布局,坚持党的领导,加强党的建设,全面从严治党,做到有权必有责、有责要担当、失责必追究,落实党组织管党治党政治责任,督促党的领导干部践行忠诚干净担当。

第三条 党的问责工作应当坚持的原则:依规依纪、实事求是,失责必问、问责必严,惩前毖后、治病救人,分级负责、层层落实责任。

第四条 党的问责工作是由党组织按照职责权限，追究在党的建设和党的事业中失职失责党组织和党的领导干部的主体责任、监督责任和领导责任。

问责对象是各级党委（党组）、党的工作部门及其领导成员，各级纪委（纪检组）及其领导成员，重点是主要负责人。

第五条 问责应当分清责任。党组织领导班子在职责范围内负有全面领导责任，领导班子主要负责人和直接主管的班子成员承担主要领导责任，参与决策和工作的班子其他成员承担重要领导责任。

第六条 党组织和党的领导干部违反党章和其他党内法规，不履行或者不正确履行职责，有下列情形之一的，应当予以问责：

（一）党的领导弱化，党的理论和路线方针政策、党中央的决策部署没有得到有效贯彻落实，在推进经济建设、政治建设、文化建设、社会建设、生态文明建设中，或者在处置本地区本部门本单位发生的重大问题中领导不力，出现重大失误，给党的事业和人民利益造成严重损失，产生恶劣影响的；

（二）党的建设缺失，党内政治生活不正常，组织生活不健全，党组织软弱涣散，党性教育特别是理想信念宗旨教育薄弱，中央八项规定精神不落实，作风建设流于形式，干部选拔任用工作中问题突出，党内和群众反映强烈，

损害党的形象,削弱党执政的政治基础的;

(三)全面从严治党不力,主体责任、监督责任落实不到位,管党治党失之于宽松软,好人主义盛行、搞一团和气,不负责、不担当,党内监督乏力,该发现的问题没有发现,发现问题不报告不处置、不整改不问责,造成严重后果的;

(四)维护党的政治纪律、组织纪律、廉洁纪律、群众纪律、工作纪律、生活纪律不力,导致违规违纪行为多发,特别是维护政治纪律和政治规矩失职,管辖范围内有令不行、有禁不止,团团伙伙、拉帮结派问题严重,造成恶劣影响的;

(五)推进党风廉政建设和反腐败工作不坚决、不扎实,管辖范围内腐败蔓延势头没有得到有效遏制,损害群众利益的不正之风和腐败问题突出的;

(六)其他应当问责的失职失责情形。

第七条 对党组织的问责方式包括:

(一)检查。对履行职责不力、情节较轻的,应当责令其作出书面检查并切实整改。

(二)通报。对履行职责不力、情节较重的,应当责令整改,并在一定范围内通报。

(三)改组。对失职失责,严重违反党的纪律、本身又不能纠正的,应当予以改组。

对党的领导干部的问责方式包括:

（一）通报。对履行职责不力的，应当严肃批评，依规整改，并在一定范围内通报。

（二）诫勉。对失职失责、情节较轻的，应当以谈话或者书面方式进行诫勉。

（三）组织调整或者组织处理。对失职失责、情节较重，不适宜担任现职的，应当根据情况采取停职检查、调整职务、责令辞职、降职、免职等措施。

（四）纪律处分。对失职失责应当给予纪律处分的，依照《中国共产党纪律处分条例》追究纪律责任。

上述问责方式，可以单独使用，也可以合并使用。

第八条　问责决定应当由党中央或者有管理权限的党组织作出。其中对党的领导干部，纪委（纪检组）、党的工作部门有权采取通报、诫勉方式进行问责；提出组织调整或者组织处理的建议；采取纪律处分方式问责，按照党章和有关党内法规规定的权限和程序执行。

第九条　问责决定作出后，应当及时向被问责党组织或者党的领导干部及其所在党组织宣布并督促执行。有关问责情况应当向组织部门通报，组织部门应当将问责决定材料归入被问责领导干部个人档案，并报上一级组织部门备案；涉及组织调整或者组织处理的，应当在一个月内办理完毕相应手续。

受到问责的党的领导干部应当向问责决定机关写出书面检讨，并在民主生活会或者其他党的会议上作出深刻检查。建立健全问责典型问题通报曝光制度,采取组织调整或者组织处理、纪律处分方式问责的,一般应当向社会公开。

第十条 实行终身问责,对失职失责性质恶劣、后果严重的,不论其责任人是否调离转岗、提拔或者退休,都应当严肃问责。

第十一条 各省、自治区、直辖市党委,中央各部委,中央国家机关各部委党组(党委),可以根据本条例制定实施办法。

中央军事委员会可以根据本条例制定相关规定。

第十二条 本条例由中央纪律检查委员会负责解释。

第十三条 本条例自2016年7月8日起施行。此前发布的有关问责的规定,凡与本条例不一致的,按照本条例执行。

附录四

关于新形势下党内政治生活的若干准则

（2016年10月27日中国共产党第十八届中央委员会第六次全体会议通过）

　　办好中国的事情，关键在党，关键在党要管党、从严治党。党要管党必须从党内政治生活管起，从严治党必须从党内政治生活严起。

　　开展严肃认真的党内政治生活，是我们党的优良传统和政治优势。在长期实践中，我们党坚持把开展严肃认真的党内政治生活作为党的建设重要任务来抓，形成了以实事求是、理论联系实际、密切联系群众、批评和自我批评、民主集中制、严明党的纪律等为主要内容的党内政治生活基本规范，为巩固党的团结和集中统一、保持党的先进性和纯洁性、增强党的生机活力积累了丰富经验，为保证完成党在各个历史时期中心任务发挥了重要作用。

一九八〇年，党的十一届五中全会深刻总结历史经验特别是"文化大革命"的教训，制定了《关于党内政治生活的若干准则》，为拨乱反正、恢复和健全党内政治生活、推进党的建设发挥了重要作用，其主要原则和规定今天依然适用，要继续坚持。

新形势下，党内政治生活状况总体是好的。同时，一个时期以来，党内政治生活中也出现了一些突出问题，主要是：在一些党员、干部包括高级干部中，理想信念不坚定、对党不忠诚、纪律松弛、脱离群众、独断专行、弄虚作假、庸懒无为，个人主义、分散主义、自由主义、好人主义、宗派主义、山头主义、拜金主义不同程度存在，形式主义、官僚主义、享乐主义和奢靡之风问题突出，任人唯亲、跑官要官、买官卖官、拉票贿选现象屡禁不止，滥用权力、贪污受贿、腐化堕落、违法乱纪等现象滋生蔓延。特别是高级干部中极少数人政治野心膨胀、权欲熏心，搞阳奉阴违、结党营私、团团伙伙、拉帮结派、谋取权位等政治阴谋活动。这些问题，严重侵蚀党的思想道德基础，严重破坏党的团结和集中统一，严重损害党内政治生态和党的形象，严重影响党和人民事业发展。这就要求我们必须继续以改革创新精神加强党的建设，加强和规范党内政治生活，全面提高党的建设科学化水平。

党的十八大以来，以习近平同志为核心的党中央身体力行、率先垂范，坚定推进全面从严治党，坚持思想建党和制度治党紧密结合，集中整饬党风，严厉惩治腐败，净化党内政治生态，党内政治生活展现新气象，赢得了党心民心，为开创党和国家事业新局面提供了重要保证。

历史经验表明，我们党作为马克思主义政党，必须旗帜鲜明讲政治，严肃认真开展党内政治生活。为更好进行具有许多新的历史特点的伟大斗争、推进党的建设新的伟大工程、推进中国特色社会主义伟大事业，经受"四大考验"、克服"四种危险"，有必要制定一部新形势下党内政治生活的准则。

新形势下加强和规范党内政治生活，必须以党章为根本遵循，坚持党的政治路线、思想路线、组织路线、群众路线，着力增强党内政治生活的政治性、时代性、原则性、战斗性，着力增强党自我净化、自我完善、自我革新、自我提高能力，着力提高党的领导水平和执政水平、增强拒腐防变和抵御风险能力，着力维护党中央权威、保证党的团结统一、保持党的先进性和纯洁性，努力在全党形成又有集中又有民主、又有纪律又有自由、又有统一意志又有个人心情舒畅生动活泼的政治局面。

新形势下加强和规范党内政治生活，重点是各级领导机关和领导干部，关键是高级干部特别是中央委员会、中央政治局、中央政治局常务委员会的组成人员。高级干部特别是中央领导层组成人员必须以身作则，模范遵守党章党规，严守党的政治纪律和政治规矩，坚持不忘初心、继续前进,坚持率先垂范、以上率下,为全党全社会作出示范。

一、坚定理想信念

共产主义远大理想和中国特色社会主义共同理想,是中国共产党人的精神支柱和政治灵魂,也是保持党的团结统一的思想基础。必须高度重视思想政治建设,把坚定理想信念作为开展党内政治生活的首要任务。

理想信念动摇是最危险的动摇,理想信念滑坡是最危险的滑坡。全党同志必须把对马克思主义的信仰、对社会主义和共产主义的信念作为毕生追求,在改造客观世界的同时不断改造主观世界,解决好世界观、人生观、价值观这个"总开关"问题,不断增强政治定力,自觉成为共产主义远大理想和中国特色社会主义共同理想的坚定信仰者和忠实实践者;必须坚定对中国特色社会主义的道路自信、理论自信、制度自信、文化自信。领导干部特别是高级干部要以实际行动让党员和群众感受到理想信念的强大力量。

全体党员必须永远保持建党时中国共产党人的奋斗精神,把理想信念的坚定性体现在做好本职工作的过程中,自觉为推进中国特色社会主义事业而苦干实干,在胜利时和顺境中不骄傲不自满,在困难时和逆境中不消沉不动摇,经受住各种赞誉和诱惑考验,经受住各种风险和挑战考验,永葆共产党人政治本色。

坚定理想信念，必须加强学习。思想理论上的坚定清醒是政治上坚定的前提。全党必须毫不动摇坚持马克思主义指导思想，党的各级组织必须坚持不懈抓好理论武装，广大党员、干部特别是高级干部必须自觉抓好学习、增强党性修养。把马克思主义理论作为必修课，认真学习马克思列宁主义、毛泽东思想、邓小平理论、"三个代表"重要思想、科学发展观，认真学习习近平总书记系列重要讲话精神，认真学习党章党规，不断提高马克思主义思想觉悟和理论水平。系统掌握马克思主义基本原理，学会用马克思主义立场、观点、方法观察问题、分析问题、解决问题，特别是要聚焦现实问题，不断深化对共产党执政规律、社会主义建设规律、人类社会发展规律的认识。适应时代进步和事业发展要求，广泛学习经济、政治、文化、社会、生态文明以及哲学、历史、法律、科技、国防、国际等各方面知识，提高战略思维、创新思维、辩证思维、法治思维、底线思维能力，提高领导能力专业化水平。

坚持和创新党内学习制度。以党委（党组）中心组学习等制度为主要抓手，各级党组织要定期开展集体学习。党员、干部每年要完成规定的学习任务，领导干部要定期参加党校学习。坚持开展党内集中学习教育。各级党组织要加强督促检查，把学习情况作为领导班子和领导干部考核的重要内容。坚持中央领导同志作专题报告制度。健全党内重大思想理论问题分析研究和情况通报制度，强化互联网思想理论引导，把深层次思想理论问题讲清楚，帮助党员、干部站稳政治立场，分清是非界限，坚决抵制错误思想侵蚀。

附录五

中国共产党党内监督条例

(2016年10月27日中国共产党第十八届中央委员会第六次全体会议通过)

第一章 总 则

第一条 为坚持党的领导,加强党的建设,全面从严治党,强化党内监督,保持党的先进性和纯洁性,根据《中国共产党章程》,制定本条例。

第二条 党内监督以马克思列宁主义、毛泽东思想、邓小平理论、"三个代表"重要思想、科学发展观为指导,深入贯彻习近平总书记系列重要讲话精神,围绕统筹推进"五位一体"总体布局和协调推进"四个全面"战略布局,尊崇党章,依规治党,坚持党内监督和人民群众监督相结合,增强党在长期执政条件下自我净化、自我完善、自我革新、自我提高能力，确保党始终成为中国特色社会主义事业的坚强领导核心。

第三条　党内监督没有禁区、没有例外。信任不能代替监督。各级党组织应当把信任激励同严格监督结合起来，促使党的领导干部做到有权必有责、有责要担当，用权受监督、失责必追究。

第四条　党内监督必须贯彻民主集中制，依规依纪进行，强化自上而下的组织监督，改进自下而上的民主监督，发挥同级相互监督作用。坚持惩前毖后、治病救人，抓早抓小、防微杜渐。

第五条　党内监督的任务是确保党章党规党纪在全党有效执行，维护党的团结统一，重点解决党的领导弱化、党的建设缺失、全面从严治党不力，党的观念淡漠、组织涣散、纪律松弛，管党治党宽松软问题，保证党的组织充分履行职能、发挥核心作用，保证全体党员发挥先锋模范作用，保证党的领导干部忠诚干净担当。

党内监督的主要内容是：

（一）遵守党章党规，坚定理想信念，践行党的宗旨，模范遵守宪法法律情况；

（二）维护党中央集中统一领导，牢固树立政治意识、大局意识、核心意识、看齐意识，贯彻落实党的理论和路线方针政策，确保全党令行禁止情况；

（三）坚持民主集中制，严肃党内政治生活，贯彻党员个人服从党的组织,少数服从多数,下级组织服从上级组织,全党各个组织和全体党员服从党的全国代表大会和中央委员会原则情况;

(四)落实全面从严治党责任,严明党的纪律特别是政治纪律和政治规矩,推进党风廉政建设和反腐败工作情况;

(五)落实中央八项规定精神,加强作风建设,密切联系群众,巩固党的执政基础情况;

(六)坚持党的干部标准,树立正确选人用人导向,执行干部选拔任用工作规定情况;

(七)廉洁自律、秉公用权情况;

(八)完成党中央和上级党组织部署的任务情况。

第六条 党内监督的重点对象是党的领导机关和领导干部特别是主要领导干部。

第七条 党内监督必须把纪律挺在前面,运用监督执纪"四种形态",经常开展批评和自我批评、约谈函询,让"红红脸、出出汗"成为常态;党纪轻处分、组织调整成为违纪处理的大多数;党纪重处分、重大职务调整的成为少数;严重违纪涉嫌违法立案审查的成为极少数。

第八条 党的领导干部应当强化自我约束,经常对照党章检查自己的言行,自觉遵守党内政治生活准则、廉洁自律准则,加强党性修养,陶冶道德情操,永葆共产党人政治本色。

第九条 建立健全党中央统一领导，党委（党组）全面监督，纪律检查机关专责监督，党的工作部门职能监督，党的基层组织日常监督，党员民主监督的党内监督体系。

第二章 党的中央组织的监督

第十条 党的中央委员会、中央政治局、中央政治局常务委员会全面领导党内监督工作。中央委员会全体会议每年听取中央政治局工作报告，监督中央政治局工作，部署加强党内监督的重大任务。

第十一条 中央政治局、中央政治局常务委员会定期研究部署在全党开展学习教育，以整风精神查找问题、纠正偏差；听取和审议全党落实中央八项规定精神情况汇报，加强作风建设情况监督检查；听取中央纪律检查委员会常务委员会工作汇报；听取中央巡视情况汇报，在一届任期内实现中央巡视全覆盖。中央政治局每年召开民主生活会，进行对照检查和党性分析，研究加强自身建设措施。

第十二条 中央委员会成员必须严格遵守党的政治纪律和政治规矩，发现其他成员有违反党章、破坏党的纪律、危害党的团结统一的行为应当坚决抵制，并及时向党中央报告。对中央政治局委员的意见，署真实姓名以书面形式或者其他形式向中央政治局常务委员会或者中央纪律检查委员会常务委员会反映。

第十三条　中央政治局委员应当加强对直接分管部门、地方、领域党组织和领导班子成员的监督,定期同有关地方和部门主要负责人就其履行全面从严治党责任、廉洁自律等情况进行谈话。

第十四条　中央政治局委员应当严格执行中央八项规定,自觉参加双重组织生活,如实向党中央报告个人重要事项。带头树立良好家风,加强对亲属和身边工作人员的教育和约束,严格要求配偶、子女及其配偶不得违规经商办企业,不得违规任职、兼职取酬。

后 记

2015年2月，习近平在省部级主要领导干部学习贯彻十八届四中全会精神专题研讨班上特别提出了"关键少数"这一概念。他强调，各级领导干部在推进依法治国方面肩负着重要责任，全面依法治国必须抓住领导干部这个"关键少数"。

从严治党，关键是要抓住领导干部这个"关键少数"，从严管好各级领导干部。从严管理干部，要坚持思想建党和制度治党紧密结合，既从思想教育上严起来，又从制度上严起来。

全面从严治党永远在路上。兴党强党，每一个共产党员都责无旁贷。充分发挥"关键少数"的关键作用，汇聚管党治党的强大力量，我们就一定能在以习近平同志为核心的党中央坚强领导下，把党建设得更加坚强有力，让党和国家各项事业更加蓬勃兴旺。

本书选取新华社、《人民日报》、《解放军报》、《光明日报》、《求是》等媒体的报道和文章，对如何抓住"关键少数"、深化全面从严治党进行了权威系统的论述。在本书付梓之际，特向一下作者致敬！他们是（排名不分先后）：尹蔚民、万鹏、屈辰、齐卫平、章德峰、左梦、王子晖、余晓玲、罗宇凡、朱基钗、罗争光、刘光明、徐云鹏、温建伦、颜晓峰、化东、盛茂林、李荐国等。

因编者水平有限，加之时间紧迫，书中难免有不当之处，敬请广大读者批评指正。

编者

2017 年 3 月